BRANDON WEBB
DAVID MANN

ANGST ÜBERWINDEN WIE EIN NAVY SEAL

BRANDON WEBB
DAVID MANN

ANGST ÜBERWINDEN WIE EIN NAVY SEAL

riva

Bibliografische Information der Deutschen Nationalbibliothek
Die Deutsche Nationalbibliothek verzeichnet diese Publikation in der Deutschen Nationalbibliografie; detaillierte bibliografische Daten sind im Internet über http://d-nb.de abrufbar.

Für Fragen und Anregungen
info@rivaverlag.de

1. Auflage 2019

Nymphenburger Straße 86
D-80636 München
Tel.: 089 651285-0
Fax: 089 652096

Übersetzung: Petra Lippert
Redaktion: Silke Panten
Umschlaggestaltung: Laura Osswald
Satz: Die Buchmacher – Atelier für Buchgestaltung, Köln
Druck: GGP Media GmbH, Pößneck
Printed in Germany

ISBN Print 978-3-7423-0712-5
ISBN E-Book (PDF) 978-3-7453-0418-3
ISBN E-Book (EPUB, Mobi) 978-3-7453-0419-0

Für alle, die den Mut haben,
sich der Angst zu stellen
und den nächsten Schritt zu tun.

INHALT

Einleitung

Der Sprung ins tiefe Wasser

»Tapfer ist nicht derjenige, der keine Angst hat, sondern derjenige, der seine Angst besiegt.«

Nelson Mandela

Mein Freund Kamal ist ein Weltenbummler. Er hat im Kloster des Dalai Lama mit tibetanischen Mönchen meditiert, ist durch den Himalaya gewandert und hat Nordspanien auf dem Jakobsweg durchquert. Er diente in der US-Armee und studierte Medizin. Er hat mehrere Technologieunternehmen gegründet, leitet seine eigene Risikokapitalgesellschaft und ist ein Bestsellerautor. Er ist eine beeindruckende Erscheinung mit seiner wogenden silbernen Mähne, seinem durchdringenden Blick und dem gelassenen Auftreten eines buddhistischen Meisters, der mit leiser Stimme spricht. Dies ist ein Mann, der alles mitbringt, was man für große Erfolge braucht. Aber vor Kurzem fand ich heraus, dass Kamal ein Geheimnis hatte.

Er konnte nicht schwimmen.

Es fiel mir schwer, das zu glauben. Und ich war überzeugt, dass er übertrieb. Vermutlich war er einfach ein schlechter Schwimmer. Für mich ist das Schwimmen so selbstverständlich wie das Atmen. Ich wuchs im und auf dem Wasser auf. Meine Familie lebte jahrelang auf einem Segelboot. Ich verbrachte mehr als ein Jahrzehnt in der Marine und wurde zum Navy SEAL ausgebildet. Es war einfach unvorstellbar für mich, dass er nicht schwimmen konnte. Aber dieser imponierende Freund, der so viele Begabungen besaß und in seinem Leben so viel erreicht hatte, konnte tatsächlich nicht schwimmen.

Ich begann, ihm damit auf die Nerven zu gehen. Ich erklärte ihm, dass der menschliche Körper zu mehr als 60 Prozent aus Wasser besteht. War ihm bewusst, dass er in seiner eigenen Haut bereits im Wasser trieb? Ich fragte ihn belustigt, ob bei seiner Zeugung die Eizelle vielleicht den Spermien hatte entgegen schwimmen müssen, statt umgekehrt.

»Wie ist es möglich, dass du nie Schwimmen gelernt hast?«

Es gab eine einfache Antwort auf diese Frage.

Er hatte Angst.

Kamal hatte sein ganzes Leben furchtbare Angst vor dem Wasser gehabt. Als er in der Dominikanischen Republik gelebt hatte, war er ein paarmal Kitesurfen gegangen. Er trug dabei immer eine Schwimmweste, aber das änderte nichts. Er hatte trotzdem schreckliche Angst. Was, wenn er abstürzte und im Wasser landete? Er erzählte mir von den Besuchen bei seinem Freund Tim Ferriss, der ein Haus in den Hamptons besaß. Tim hatte im Garten einen schönen Pool. Seine Gäste ruhten sich dort aus, planschten im Wasser und hatten einen Riesenspaß. Es quälte Kamal, dass er sich nie zu ihnen gesellen konnte.

Mir wurde klar, dass mein Freund sehr darunter litt, dass er nicht schwimmen konnte. Und er hatte durchaus versucht, es zu erlernen: Er hatte Schwimmkurse belegt und in Online-Workshops versucht, seine Angst zu besiegen. Er hatte in San Francisco eine Weile in einem Haus gewohnt, zu dem das einzige beheizte olympische Freiluftbecken der Stadt gehörte. Er hatte einen Privatlehrer engagiert, aber auch das hatte nicht funktioniert. Was seine verschiedenen Schwimmlehrer auch versuchten, Kamal konnte es nicht ertragen, wenn seine Füße den Boden des Beckens nicht mehr berührten, und geriet in Panik. Jetzt dachte er darüber nach, in Florida an einem Tauchkurs teilzunehmen. Zumindest sagte er das. Aber ich sah, dass er es vor sich herschob.

Ich hörte auf, ihn damit aufzuziehen, und entschloss mich stattdessen, etwas dagegen zu tun.

Ich hatte eine erholsame Woche daheim in New York vor mir, und sagte zu Kamal: »Wenn du dir eine Woche freinehmen kannst, werde ich es dir beibringen. Aber du musst dich verpflichten, dich jeden Tag um dieselbe Zeit mit mir zu treffen, egal ob es regnet oder die Sonne scheint. Gib mir eine Woche, und ich werde dir das Schwimmen beibringen.«

»In Ordnung«, sagte er.

Am verabredeten Morgen fuhr ich zum New York Athletic Club, dem Sportverein, der direkt beim Central Park liegt, marschierte hinauf zum Schwimmbecken, fand eine freie Bahn und ließ mich ins Wasser gleiten. Ich war ein bisschen früher da, um ein paar Längen zu schwimmen, bevor Kamal eintraf. Als ich die Bahn entlang glitt, reisten meine Gedanken zwei Jahrzehnte in die Vergangenheit.

Sommer 1995. Es ist Nacht über dem Persischen Golf. Unser H-60 »Seahawk«-Hubschrauber kehrt mit seiner vierköpfigen Besatzung, bestehend aus Pilot, Kopilot, einem weiteren Crewmitglied und mir, von einem Sonar-Einsatz zurück. Es ist eine lange Nacht gewesen, und wir müssen die Maschine auf einem in der Nähe kreuzenden Zerstörer auftanken, um den Rückweg zu dem Flugzeugträger zu schaffen, den wir als unser Zuhause bezeichnen.

Der Pilot drosselt die Geschwindigkeit, als wir uns dem unter uns liegenden Schiff nähern. Landungen auf Zerstörern sind immer heikel, aber in dieser mondlosen Nacht ist das Manöver besonders schwierig. Jemand muss das Deck beobachten, während wir hoch über dem Schiff die richtige Landeposition suchen und den Piloten dirigieren. Heute Nacht bin ich der »Spotter«, der Mann, der unten im Bauch des Vogels auf dem Platz des Kanoniers sitzt.

Ich reiße die Tür auf und schaue auf der Suche nach aufschlussreichen Lichtern hinunter. Da sind keine. Das ist sonderbar. Ich schaue nach vorne – und da sind Lichter! *Wie?* Einen Atemzug lang bin ich vollkommen desorientiert. Warum sind die Lichter hier oben auf Augenhöhe, wenn der Zerstörer unter uns im Wasser liegt? Die Orientierungslosigkeit währt nur Sekunden, denn als ich wieder hinunterschaue, sehe ich genau unter mir Wasser. Das aufgewühlte, schäumende Wasser des Persischen Golfs, das um meine Knöchel spült und mich gleich verschlucken wird.

Oh, nein ...

Wir stehen nicht hoch über dem Schiff in der Luft. Unser Pilot hat uns direkt ins Wasser gesetzt. Das Meerwasser sprudelt in die Kabine, umfängt meine Beine, steigt an den Wänden hinauf und sucht nach dem Motor. *Hey Baby, hier bin ich, komm zu Papi.* Oh, nein, das ist nicht gut! Wenn der Motor absäuft, werden wir uns auf den Kopf drehen, schnurstracks auf den Grund des Meeres sinken und nie wieder auftauchen.

»Aufsteigen!«, schreie ich in mein Mikrofon. »Aufsteigen!«

An diesem Punkt beginnt der eigentliche Spaß. Unser Pilot, der Mann, der die Crew führen sollte, wird von Panik übermannt – und reagiert nicht mehr. »Was ist hier los?!«, schreit er, ohne irgendetwas zu tun. »Oh Gott, oh Gott, oh Gott ...!« Das ist nicht, was du in einem Augenblick wie diesem von deinem Hubschrauberpiloten hören willst. Die Angst hat ihn gelähmt, überwältigt, im Ganzen verschluckt.

Und deshalb werden wir alle jetzt sterben.

Ich beendete meine Längen und kletterte aus dem Becken, um auf meinen Freund zu warten.

Ich kannte das Gefühl, das Kamal gefangen hielt. Und ich wusste, warum alle Lehrer, die versucht hatten, ihm zu helfen, gescheitert waren: Sie glaubten, sie müssten ihm das Schwimmen beibringen. Aber das war ein Irrtum. Kamal musste nicht schwimmen lernen.

Er musste lernen, die Angst zu nutzen.

Im Verlauf der SEAL-Ausbildung versuchen die Ausbilder, dich im Schwimmbecken mit verschiedenen Methoden in Panik zu versetzen: Sie schicken dich mit einer Sauerstoffflasche hinunter und verknoten den Luftschlauch, um sich anzusehen, ob du einen Weg findest, dich aus deiner Notlage zu befreien. Du sitzt mit dem Rücken zum Becken da und wartest, bis du an der Reihe bist, und du hörst, wie der Kamerad, der vor dir dran ist, im Wasser um sich schlägt und ertrinkt. Mir machte das nie zu schaffen, aber einige Kameraden versetzte es in Todesangst. Ich konnte verstehen, warum. Normalerweise habe ich keine Angst vor dem Wasser, aber in jener Nacht über dem Persischen Golf machte ich mir beinahe in die Hose.

Dass wir nicht starben, lag daran, dass unser Kopilot Kennedy die Angst zu nutzen wusste. Er ignorierte unseren stotternden Piloten und übernahm selbst die Kontrolle über die Maschine, holte den Vogel aus dem Wasser und setzte ihn sicher auf das Deck des Zerstörers. Ich weiß bis heute nicht, wie er das machte. Eigentlich war es unmöglich. (Der Wartungsoffizier glaubte, wir hätten uns die Geschichte ausgedacht, doch als seine Leute das Heck des Hubschraubers öffneten, ergossen sich 50 Liter Wasser über ihre Füße.) Aber die Angst, die wir in solchen Situationen empfinden, ermöglicht es uns, unglaubliche Dinge zu tun – wenn wir wissen, wie wir die Angst kanalisieren können.

Kennedy wusste das zum Glück, sonst würden Sie diese Seiten nicht lesen, denn ich wäre nicht mehr hier.

Wie gesagt, wuchs ich am und im Wasser auf. Ich verbrachte meine Kindheit und einen großen Teil meines Erwachsenenlebens im Wasser. Ich liebe das Meer. Aber es hat einen Grund, dass Wasser eingesetzt wird, um Menschen an den Rand des Wahnsinns zu treiben und ihren Willen zu brechen. Nehmen wir an, ich sage zu Ihnen: »Ich werde Ihnen jetzt ein Tuch über den Mund legen und es mit Wasser durchtränken.« Hört sich eigentlich nicht so schlimm an, nicht wahr? Aber es ist schlimm. Man kann damit willensstarke Menschen willenlos machen. In meiner militärischen Ausbildung lernte ich das Waterboarding kennen: Diese Foltermethode besteht im Grunde darin, einen Menschen langsam und methodisch zu ertränken, in dem man seine Atemwege unter Wasser setzt. Diese Methode versetzt das Opfer in einen ursprünglichen Schrecken.

Als Kind sah ich, wie ein Mädchen ertrank, weil jemand unaufmerksam war. Ich war dabei, als sie den Körper aus dem Wasser holten und ihn auf das Deck des Bootes legten. Sie war reglos wie eine Statue, ihr Atem stand für immer still. Es war das erste Mal, dass ich den hässlichen Tod aus der Nähe sah. Ich werde es nie vergessen.

Seit damals habe ich allzu oft erlebt, wie der Tod Menschen holte, darunter enge Freunde und mein bester Freund. Und ich habe auch andere Tode gesehen – mein erstes Unternehmen wurde samt meinen Lebensersparnissen ausgelöscht, meine Ehe löste sich auf, Projekte scheiterten, Freundschaften zerbrachen, mein Ego und meine Träume wurden zerstört.

Ja, ich verstand, warum mein Freund Angst hatte.

Wenige Minuten später erschien Kamal. Pünktlich auf die Minute. Wir setzten uns an den Beckenrand und ließen die Füße ins Wasser hängen. Ich glitt hinein, stieß mich ab und tauchte unter. Er folgte mir und tauchte langsam und angespannt ins Wasser ein, wobei er sich mit beiden Händen an den Beckenrand klammerte. Er war nie zuvor in einem drei Meter tiefen Becken gewesen. »Ich bin drin«, murmelte er, aber seine Körpersprache schrie: *Und nichts in der Welt wird mich dazu bringen, den Rand loszulassen!*

Wir machten uns an die Arbeit.

Am ersten Tag gingen wir es locker an, fast zu locker.

Am zweiten Tag wiederholten wir die Übungen des ersten Tages und gingen einen Schritt weiter.

Am dritten Tag schwamm er zehn Längen auf dem Rücken.

»Du schwimmst«, sagte ich. Er war überrascht, als er begriff, dass er das tatsächlich tat.

Am vierten Tag ließ er sich nicht vorsichtig vom Beckenrand ins Wasser gleiten, sondern nahm Anlauf und landete mit einer gewaltigen

Bombe im Becken. Überall Wasser und Schaum, und dann tauchte Kamal auf, grinsend wie ein kleiner Junge.

Es war die erste Arschbombe seines Lebens.

Und so begannen die übrigen Schwimmstunden: Kamal sprang mit Anlauf ins Becken, zog die Beine an und landete mit einem gewaltigen »Platsch!« im Wasser, um wenige Augenblicke später mit diesem breiten Grinsen aufzutauchen. Er war ein großes, grauhaariges Kind. Ich hatte noch nie ein so glückliches Gesicht gesehen.

An besagtem dritten Tag, als er die zehn Längen auf dem Rücken schwamm und begriff, dass er tatsächlich schwimmen konnte, führten wir am Ende der Stunde ein interessantes Gespräch.

»Du weißt, dass schon einige Leute versucht haben, es mir beizubringen«, sagte er. »Es klappte nie. Sie ließen mich ins Wasser steigen, machten mir die Schwimmbewegungen vor und wurden ungeduldig, wenn ich es nicht nachmachen konnte. Sie waren frustriert und sagten: ›Es ist wirklich so einfach, du musst es nur *versuchen.*‹ Aber ich konnte es nicht ›nur versuchen‹. Die Angst war zu groß.« Er sah hinüber zum anderen Ende des Beckens.

»Bis heute«, sagte ich.

Er nickte. »Ja, bis heute.« Dann sah er mich an und sagte: »Du solltest ein Buch darüber schreiben.«

Hier ist es.

Auf den folgenden Seiten werde ich Ihnen erklären, was genau ich mit Kamal tat, warum es funktionierte und wie Sie dasselbe tun können.

Ich werde Ihnen erklären, wie Sie schaffen können, was unser Kopilot Kennedy in jener Nacht über dem Meer tat, und wie Sie sich unter den beängstigendsten Umständen behaupten können.

Ich werde Ihnen erklären, wie Sie die Angst meistern können.

Mit anderen Worten: Ich werde Ihnen zeigen, wie Sie Ihr *Leben* meistern können.

Der Wegweiser Angst

DER KAMPF FINDET IN IHREM KOPF STATT

»Die Angst ist einer der besten Freunde eines Champions.«

José Torres, Boxweltmeister im Leichtgewicht

Eine steinige Wüstenlandschaft. Wir sammeln zu dritt die Rucksäcke ein, die ein anderer Zug zurückgelassen hat, als wir Geräusche hören. Wir drehen uns um und sehen den Hang hinauf, wo wir auf einer Schotterstraße unseren Geländewagen abgestellt haben. Wenige Meter entfernt stehen etwa fünfzig afghanische Männer und schauen zu uns herunter. Fünfzig mit Gewehren bewaffnete Männer. Bewaffnete Männer, die nicht freundlich wirken.

Wir haben Anfang 2002. Es ist erst wenige Monate her, dass islamistische Terroristen verheerende Terroranschläge auf das World Trade Center in New York und auf das Pentagon verübt haben. Wir machen in Afghanistan Jagd auf Terroristen. Jetzt fragen wir uns, ob wir ein paar von ihnen gefunden haben.

Oder ob ein paar von ihnen uns gefunden haben.

Sie kommen näher.

Sie umringen uns. Einige bleiben bei unserem Wagen zurück, und nichts kann sie daran hindern, damit wegzufahren und uns mit ihren bewaffneten und übellaunigen Freunden zurückzulassen.

Ich fühle, dass sich in meinem Inneren etwas bewegt. Einige Blutgefäße ziehen sich zusammen, andere dehnen sich aus. Meine Handflächen fühlen sich kühl an, sie sind feucht von kaltem Schweiß. Die Härchen auf meinen Oberarmen und im Nacken stellen sich auf. Mein Mund ist trocken, mein Gehör ist plötzlich schärfer. Ich kann fast fühlen, wie das Adrenalin ausgeschüttet wird und meinen Körper überflutet. *Torpedo los! Torpedo ist los, Sir! Torpedo los!* Mein Gesicht zeigt es nicht, aber im Geist lächle ich. Ich weiß, was das ist.

Es ist die Angst. Und ich werde sie nutzen.

Ich habe keine Zeit, um die Situation zu beurteilen oder eine Strategie zu entwerfen. Es wird sich hier und jetzt entscheiden. Die Männer beim Geländewagen befinden sich in einer erhöhten Position, was in jeder bewaffneten Auseinandersetzung ein Vorteil ist, und die übrigen haben uns hier unten in der Schlucht festgenagelt. Wir sind zu dritt, sie sind fünfzig oder vielleicht sogar sechzig. Sie sind uns in jeder Hinsicht überlegen. Physisch und logistisch haben wir keine Chance, die Oberhand zu behalten. Uns bleiben nur Unerschrockenheit und Wagemut.

Wir brüllen sie an, schreien aggressive Worte, die sie nicht verstehen können. Sie schreien ihrerseits Worte, die wir nicht verstehen.

Sie kommen näher. Sie fangen an, uns zu stoßen.

An unseren Nervenenden explodiert ein elektrochemisches Feuerwerk. Unsere Nebennieren und Hypophysen erleuchten unsere Hirnstämme und unser Rückenmark mit einer Kraft, die in Millionen Jahren des Kampfes und Überlebens entwickelt wurde. Die Luft um uns knistert vor Energie. Wir brüllen lauter.

Sie weichen nicht zurück.

Wir schreien ihnen aus nächster Nähe ins Gesicht, so als wären *wir* diejenigen, die in dieser Situation den Ton angeben können. Wir zeigen unsere Waffen. Wäre dies ein Western, so würden wir vor ihren Füßen in den Boden schießen – aber das ist kein Film, wir sind nicht John Wayne, und wir albern nicht herum. Und sie wissen, dass wir keinen Spaß machen. Wenn wir schießen, so sicher nicht in den Boden.

Sie kommen nicht näher. Sie beginnen, sich zurückzuziehen.

Wir sputen uns, unsere Unerschrockenheit und unseren Wagemut den Hang hinaufzubringen. Wir springen in den Wagen und rasen zurück ins Lager. Während der holprigen Fahrt auf der staubigen Schotterstraße kehrt unser Puls langsam auf die normale Frequenz zurück. Hatten wir Angst? Darauf können Sie wetten.

Unsere Angst rettete uns das Leben.

Sie kennen das. Sie würden dieses Buch sonst nicht lesen.

Vermutlich sind Sie nie in einem fremden Land einer Gruppe schwerbewaffneter feindlicher Kämpfer begegnet. Aber zu irgendeinem Zeitpunkt in Ihrem Leben sahen Sie sich bedrohlichen Personen oder Situationen gegenüber. Jeder Mensch kennt diese Erfahrung.

Solche Erfahrungen sind Teil des menschlichen Lebens.

Es hat Augenblicke gegeben, in denen Ihre Angst Sie mobilisierte und eine innere Kraft oder Fähigkeit weckte, die es Ihnen ermöglichte, mehr zu leisten, als Sie für möglich gehalten hatten. Und zweifellos hat es auch Augenblicke gegeben, in denen Ihre Angst Sie lähmte oder dazu bewegte, sich zurückzuziehen. Wie gesagt: Dies ist Teil des menschlichen Lebens.

Bevor Sie weiterlesen, möchte ich Sie bitten, kurz innezuhalten und zu versuchen, sich Situationen in Ihrem Leben in Erinnerung zu rufen, in denen die Angst Sie entweder zu Angriff oder zu Flucht bewegte.

Gab es einerseits Situationen, in denen die Angst Sie zum Triumph anspornte?

Und gab es andererseits Situationen, in denen die Angst Sie verlieren ließ?

Können Sie sich an solche Situationen erinnern? Gut. Dann will ich eine grundlegende Erkenntnis mit Ihnen teilen: All diese Kämpfe, all diese Triumphe und Niederlagen *fanden in Ihrem Kopf statt.*

Vielleicht ist Ihnen an dem zuvor beschriebenen Beispiel aus Afghanistan etwas aufgefallen: Wir setzten unsere Waffen nicht ein. Wir schlugen nicht zu. Wir waren Navy SEALs und gehörten zu den Männern, die am besten in der Kunst und Wissenschaft des Waffeneinsatzes und der Körperkraft geschult sind. Aber unsere Kampfausbildung nutzte uns in dieser Situation nicht: Keine Waffe oder Technologie, keine Machtdemonstration oder Kampftechnik hätte uns helfen können. Wir befanden uns nicht auf vertrautem Terrain, waren in keiner erhöhten Position und waren nicht in der Überzahl. Wir hatten nicht einen einzigen Vorteil auf unserer Seite.

Die einzige Waffe, die wir einsetzen konnten, war die Herrschaft über unsere Angst.

In diesem Buch geht es nicht um Auseinandersetzungen mit feindlichen Kämpfern auf Kriegsschauplätzen. In diesem Buch geht es um den Kriegsschauplatz in unserem Kopf. Es geht um unsere Beziehung zur Angst und um Dutzende, ja tausende Situationen, mit denen wir alle im Lauf unseres Lebens konfrontiert werden. Es geht darum, dass die Angst uns in solchen Situationen entweder lähmen oder befreien kann.

Es hängt alles davon ab, was zwischen unseren Ohren geschieht.

Um unsere Angst beherrschen zu lernen, müssen wir nicht körperlich stärker, psychisch robuster, aggressiver, stoischer oder hemmungsloser werden. Wir müssen lernen, das Gespräch, das unentwegt in unserem Kopf stattfindet, zu verstehen und in eine andere Richtung zu lenken.

Sorgen Sie dafür, dass die Haie draußen bleiben

Ich möchte Ihnen eine Frage stellen: Wovor haben Sie Angst? Ich meine nicht, was Ihnen »Sorgen« bereitet oder Sie »ein bisschen nervös« macht. Ich meine, was ihnen wirklich Todesangst einflößt. Haben Sie

Angst vor dem Fliegen oder vor Höhen? Vor der Dunkelheit? Vor geschlossenen Räumen? Vor dem Ertrinken?

Was ist mit dem Sprechen vor Publikum? Das ist tatsächlich eine große Angst und viele Menschen fürchten sich vor dem Sprechen in der Öffentlichkeit tatsächlich mehr als vor dem Tod.

Haben Sie Angst, nie den richtigen Menschen zu finden und einsam sterben zu müssen? Oder haben Sie Angst vor Engagement und Verantwortung? Dieser Angst begegnet man oft, und zwar nicht nur in persönlichen Beziehungen, sondern auch im Geschäfts- und Berufsleben: Viele Menschen fürchten sich davor, alles auf eine Karte zu setzen. Was, wenn es die falsche Karte ist? Wenn man sich auf ein schlechtes Geschäft oder eine nicht funktionierende Beziehung einlässt und in eine Sackgasse gerät?

Ich kenne Leute, die sich vor der Verwendung des Telefons oder eines Tabellenkalkulationsprogramms fürchten oder davor zurückschrecken, ein einseitiges Formular auszufüllen. Oder Angst vor dem Schwimmen haben. Viele von uns haben Ängste, die anderen lächerlich scheinen. Aber die Angst ist nicht lächerlich, wenn man selbst darunter leidet.

Haben Sie Angst vor dem Versagen und der damit verbundenen Demütigung? Oder vor dem Erfolg und der damit verbundenen Last der Verantwortung? Jedermann hat Angst vor irgendetwas.

Ich hatte Angst vor Haien.

»Aufwachen, Brandon. Zieh den Taucheranzug an. Der Anker hat sich verhakt.«

Es ist mitten in der Nacht. Ich habe schon vergessen, aus welchem Traum ich gerissen worden bin, aber ich weiß, dass er sehr viel angenehmer war als die Realität, mit der ich es jetzt zu tun bekomme. Ich bin dreizehn Jahre alt, habe gerade meine Tauchausbildung abgeschlossen und arbeite in meinem ersten richtigen Job als Assistent auf einem Boot, das für Tauchausflüge vor der südkalifornischen Küste eingesetzt wird. Wir liegen vor San Miguel vor Anker, der nördlichsten Insel der Channel Islands, wo das Wetter so rau werden kann, dass manchmal sogar die Fischerboote nicht auslaufen können. Unser furchtloser Kapitän Mike weiß, dass sich unsere zahlenden Passagiere nicht mehr wohlfühlen, wenn das Boot in unruhiger See zu schaukeln beginnt. Dann ist es besser, den Anker zu lichten und ruhigere Gewässer aufzusuchen.

Anscheinend ist das Wetter unfreundlich geworden. Es ist Zeit, den Anker zu lichten.

Kapitän Mike ist derjenige, der mich aus dem Tiefschlaf gerissen hat. Meine Augen sind offen, aber mein Gehirn schläft immer noch.

»He, wir müssen uns bewegen«, wiederholt er. »Wir bekommen den Anker nicht frei.«

Wenn man den Anker zu lichten versucht, bleibt er manchmal zwischen großen Steinen oder an einem Felsvorsprung am Meeresgrund hängen. Man kann ihn befreien, indem man das Boot geduldig manövriert, aber das kann eine Stunde dauern. Eine einfachere Lösung besteht darin, einen Taucher hinunterzuschicken.

Es dauert ein bisschen, aber dann stelle ich den Zusammenhang her. Der Kapitän braucht jemanden, der taucht und den Anker befreit, und dieser jemand bin ich.

In der Umgebung von San Miguel ist nicht nur das Wetter anders, sondern auch die Umwelt. Die Gegend erinnert mich an die Filmkomödie *Die fast vergessene Welt*, in der es um eine Familie geht, die eine Reise in die Vergangenheit unternimmt: Wenn man dort zehn Meter tief taucht, hat man das Gefühl, sich in einem prähistorischen Aquarium wiederzufinden. Ich habe dort riesige Seeohren und Hummer und monströse Lengdorsche gesehen, Fische, die man in der Umgebung der südlichen Inseln nur in der dreifachen Tiefe findet. Wir liegen vor Tyler Bight auf der Leeseite von San Miguel vor Anker. Dies ist die Heimat einer großen Seelöwenpopulation.

Und eines weiß ich über Seelöwen: Sie locken große Weiße Haie an.

Ich habe ein Problem mit Haien. Nicht nur, dass sie gefährlich sind. Das Problem ist auch, dass die Jungs auf dem Boot die ganze Zeit über sie sprechen und mir alle möglichen Geschichten über die Viecher erzählt haben. Die Gegend ist bekannt dafür, dass die Haie sich hier zur Fortpflanzung versammeln. Kapitän Mike, dieser verrückte Mistkerl, hat sogar Geld gesammelt, um eine Haijagd zu finanzieren. Er hat ein paar hundert Pfund Fischblut und Eingeweide gekauft, die er als Köder ausgestreut hat. Da saß er dann an der Reling und versuchte, einen großen Weißen Hai zu ködern, damit er ihn mit der Harpune erlegen konnte. Wie Kapitän Ahab wartete er auf seinen eigenen Moby Dick. Mittlerweile habe ich eine Heidenangst vor Haien.

Und jetzt will er, dass ich mitten in der Nacht ins Wasser hüpfe? *Für nichts in der Welt! Keine zehn Pferde können mich in die pechschwarze Tiefe ziehen!*

Das ist, was ich denke. Aber ich sage: »In Ordnung.« Ich *könnte* nein sagen, aber ich will meinen Job nicht verlieren, und ich will nicht der Junge sein, der sich in die Hosen gemacht hat.

Ich schütte heißes Wasser in meinen Taucheranzug, um ihn anzuwärmen. Dann zwänge ich mich hinein und mache mich auf den Weg zum Bug. Die Passagiere steigen am Heck ins Wasser, aber für die Crewmitglieder wird einfach die Bugklappe geöffnet, damit sie von dort hineinspringen.

Die Jungs öffnen die Klappe und ich plumpse ins Wasser.

Ich tauche zügig, gleiche den Druck aus und versuche, durch die beschlagene Brille zu erkennen, was meine Taucherlampe beleuchtet. Ich bin noch nicht oft in der Nacht getaucht, aber ich weiß bereits, dass die Sicht im Dunkeln nicht besonders gut ist. In der unruhigen See ist sie noch schlechter als sonst. Wenn ich hier unten auf etwas Großes stoße, werde ich es wahrscheinlich nicht sehen, bevor ich es direkt vor der Nase habe.

Ich versuche, nicht daran zu denken.

Am Rand meines peripheren Gesichtsfelds flitzen Seelöwen vorüber. *Das ist ein gutes Zeichen*, sage ich mir selbst. Wenn sich die Seelöwen hier wohlfühlen, sind wahrscheinlich keine Haie in der Nähe. Andererseits ... vielleicht bedeutet es auch, dass ich und meine Freunde, die Seelöwen, kurz davor stehen, sich in einen wohlschmeckenden Happen zu verwandeln.

Ich versuche *angestrengt*, nicht daran zu denken.

Ich habe dieses Manöver schon ein paar Mal bei Tageslicht absolviert und kenne den Ablauf: Man geht hinunter, folgt der Ankerkette bis zum Ursprung des Problems, nimmt das Mundstück heraus und lässt ein paar Luftblasen aufsteigen, um der Crew oben im Boot ein Signal zu geben. Dann geben sie der Ankerkette Spiel, damit man sie bewegen kann. Man trägt sie um das Hindernis herum und versucht, den Anker aus der Klemme zu befreien. Sobald das erledigt ist, lässt man erneut Luftblasen aufsteigen, damit sie oben anfangen, den Anker einzuholen. Man bleibt unten, bis sich der Anker vom Meeresgrund hebt. In diesem Augenblick gibt man ein drittes Signal und steigt zur Oberfläche auf.

Also gut: Ich tauche und finde die Kette, die unter einem massiven Felsvorsprung hängengeblieben ist. Ich gebe das Signal, warte, bis die Spannung der Kette nachlässt, und ziehe sie heraus. Ich habe das Gefühl, dass es eine Ewigkeit dauert.

Ich gebe mir größte Mühe, *nicht* an die Haie zu denken.

Endlich ist der Anker frei. Ich steige so schnell wie möglich auf und klettere stolz und erleichtert an Bord. Vor allem erleichtert. Ich befreie mich aus dem Taucheranzug, trockne mich ab und werfe mich in meine Koje, aber ich bin zu aufgeregt, um einzuschlafen.

Zuerst spiele ich erneut durch, wie schön es war, wieder im Boot zu sein, und wie viel Glück ich gehabt habe, lebend aus dem Wasser gekommen zu sein. Doch nach einer Weile werden diese Gedanken durch eine andere Frage verdrängt: Wie groß war die Wahrscheinlichkeit, dass ein Hai auftauchte, während ich dort unten am Anker arbeitete?

Wie groß war die Gefahr wirklich?

Zu jener Zeit fragte ich mich, wie zum Teufel Kapitän Mike und die übrigen Besatzungsmitglieder so leichtfertig hatten sein können, einem Dreizehnjährigen Geschichten über Haie zu erzählen, die ihm eine Heidenangst einjagen mussten – und das in dem Wissen, dass der Junge früher oder später dort hinunter musste. Rückblickend ist mir klar, dass sie keineswegs unbedacht handelten. Sie stellten mich auf die Probe.

Oder um es treffender zu sagen: Sie gaben mir die Chance, mich selbst auf die Probe zu stellen.

Bei jenem Tauchgang musste ich mich zum ersten Mal in meinem Leben einer beklemmenden Angst stellen. Mir brach kalter Schweiß aus, und meine Hoden zogen sich zusammen. Und zum ersten Mal in meinem Leben wurde mir klar, dass die tatsächliche physische Gefahr nicht annähernd so schlimm war wie das Bild, das ich mir in meinem Kopf davon gemacht hatte.

In jener Nacht geschah nichts, aber etwa ein Jahr später begegnete ich vor der Küste Südkaliforniens tatsächlich zum ersten Mal einem Hai. Es war ein großer Blauhai. Blauhaie gelten nicht als Menschenfresser, aber ein Hai ist ein Hai. Blauhaie werden zwischen zwei und drei Metern lang. Mit anderen Worten, dieser Bursche war ein schönes Stück größer als ich. Und er hatte Zähne so groß wie Taschenmesser. Ein einziger Biss dieses Tiers hätte mir den Tag verderben können.

Ich sah den Hai an, der Hai sah mich an – und ich spürte die statische Ladung. Jahre später lernte ich als Sonarexperte in der Navy, wie sich die Schallwellen unter Wasser ausbreiten. Etwas Ähnliches passierte an jenem Tag: Eine elektrische Spannung strömte von seinen Augen zu meinen und zurück.

Mittlerweile beobachte ich das oft in der New Yorker U-Bahn. Wenn ich in einen Waggon einsteige, schaue ich mich nach beiden Seiten um und mustere die anderen Fahrgäste. Wenn ich Blickkontakt mit einem Raubtier aufnehme – mit einem Kerl, der nichts Gutes im Schilde führt, oder mit einem Typen, mit dem irgendetwas nicht stimmt –, weiß er, dass ich ihn sehe und dass ich ihn nicht in meinen Kopf lasse. Dieser Kerl wird sich nicht mit mir anlegen.

Das hat nichts damit zu tun, körperliche Härte oder Kampflust zu demonstrieren. Es geht ausschließlich um den inneren Monolog. Wenn das Gespräch in unserem Kopf respektvoll ist – »Ich respektiere dich, und du solltest mich auch respektieren, weil ich nicht auf Probleme aus bin und dich nicht in meinen Kopf lassen werde.« –, dann reagieren die Leute entsprechend. Wenn man Nervosität und Angst ausstrahlt und das Signal gibt, dass man von seiner Angst überwältigt wird, reagieren die Leute ebenfalls entsprechend.

Es heißt, dass ein Vampir nur in ein Haus eindringen kann, wenn die Bewohner ihn einladen. Ich weiß nicht, wie es bei Vampiren ist, aber mit Haien kenne ich mich aus.

Ich habe Rausschmeißer in New Yorker Nachtlokalen und Wachmänner an der Eingangstür des Kaufhauses Macy's beobachtet. Diese Männer sind Experten darin, Menschen zu beurteilen und Ärger von vornherein zu verhindern – und ihre Arbeit besteht zu 98 Prozent in dem Gespräch, das sie in ihrem eigenen Kopf führen. *Ich sehe dich, sagen sie, und es wird keinen Ärger geben. Es gibt keine Ziele. Das hier sind nicht die Droiden, nach denen du suchst.* Ja, es ist tatsächlich so etwas wie ein innerer Jedi-Prozess.

Genau das tat ich in jener Nacht vor der Küste Südkaliforniens, als ich mich Auge in Auge mit dem Hai befand. *Du willst diesen Kampf nicht kämpfen*, sagte mein Blick. *Das willst du auch nicht*, sagte seiner. Er schwamm weiter. Ich ebenfalls.

Es geht nicht nur um Haie oder verdächtige Gestalten in der U-Bahn. Der Hai kann jede Bedrohung oder jede *empfundene* Bedrohung sein – und das ist nicht immer dasselbe.

Wann hatten Sie das letzte Mal Angst? Wovor hatten Sie Angst? Vor einem Termin? Einer unbezahlten Rechnung, die fällig wurde? Einer wichtigen Sitzung? Einem schwierigen Gespräch, das unvermeidlich war, obwohl sie es lieber vermieden hätten? Versuchen Sie, sich an den Augenblick der Angst, an dieses Gefühl des Unwohlseins und die feuchten Hände angesichts des Ereignisses oder Problems zu erinnern, das auf Sie zukam.

Beim nächsten Mal sollten Sie Folgendes zu sich sagen: »Was auch immer auf mich zukommt, ich werde mich zu gegebener Zeit damit auseinandersetzen. Bis es so weit ist, werde ich nicht zulassen, dass es mir im Kopf herumschwirrt!«

Wir kämpften nicht gegen die bewaffneten Männer. Entscheidend war unser innerer Monolog. Die Begegnung wäre nicht gut ausgegangen, hätten wir gedacht: *Wir stecken bis zum Hals im Treibsand – was sollen wir tun? Aber wir führten ein anderes Gespräch im Kopf. Wir dachten: Es wird keine Probleme geben.*

Wir ließen die Haie nicht in unsere Köpfe.

Die Geheimwaffe eines Scharfschützen: Positives Denken

Nach der Rückkehr aus Afghanistan begann ich, Scharfschützen für die Spezialeinheiten der US Navy auszubilden. Ende des Jahres 2003 wurde ich beauftragt, gemeinsam mit Eric Davis, an dessen Seite ich in einem SEAL-Team gedient hatte, das Scharfschützenprogramm der Elitetruppe neu zu gestalten, das allgemein als weltweit bestes Programm zur Scharfschützenausbildung gilt. Zu jener Zeit waren amerikanische Truppen bereits in erbitterte Kämpfe im Irak verwickelt und es wurde klar, dass der »Krieg gegen den Terror« weder einfach noch schnell beendet sein würde. In dieser neuartigen militärischen Auseinandersetzung würden Spezialeinheiten wie die SEAL-Scharfschützen eine zentrale Rolle spielen. Wir mussten unseren Zugang zur Ausbildung dieser Scharfschützen gründlich überdenken.

Wir bauten das Programm vollkommen um. Wir führten neue Technologien ein. Wir ersetzten von Hand gezeichnete Skizzen durch modernste Software und Satellitenkommunikation. Wir gestalteten die technische Waffenausbildung neu und machten die Scharfschützen zu ballistischen Experten. Wir brachten ihnen bei, nicht nur in zweiköpfigen Teams, die aus Schütze und Späher bestanden, zu kämpfen, sondern auch auf sich allein gestellt zu arbeiten. Aber der wichtigste Fortschritt war eine Neuerung, auf die ich besonders stolz bin und die in meinen Augen am meisten bewirkte. Sie verringerte die Schwundquote von über 30 Prozent auf weniger als ein Prozent und ermöglichte zum ersten Mal in der Geschichte der Ausbildung makellose Ergebnisse auf dem Schießplatz. Diese Neuerung bestand daran, dass wir unseren Schützlingen beibrachten, wie sie das Gespräch in ihrem Kopf in eine andere Richtung lenken konnten.

Dabei verwendeten wir zum Beispiel das folgende einfache Modell: Ein junger Baseballspieler nimmt seine Position am Schlagmal ein. Sein Trainer oder sein Vater ruft ihm zu: »Denk dran Bobby: Schlag nicht daneben!«

Was ist die Folge? Natürlich schlägt der arme Junge daneben. Wie könnte es anders sein? Der Trainer hat ihn dazu gebracht, sich auf den Schwung und den Fehlschlag zu konzentrieren, er hat Bobbys Angst vor einem Fehlschlag derart vergrößert, dass der Junge nur noch daran denken kann, wie er den Ball verfehlt. In seinem Kopf läuft ein Hamster in einem Rad, das sich rasend schnell dreht: *Daneben geschlagen! Daneben geschlagen! Daneben geschlagen!* Also schlägt er daneben.

Was hätte der Trainer tun sollen? Er hätte Bobby an das erinnern sollen, was er *richtig* machen müsste. »Nimm eine stabile Position ein. Atme ruhig. Konzentriere dich auf den Ball und auf die Flugbahn. Wenn er neben der Platte fliegt, lass ihn vorbei. Wenn er über die Platte kommt, schwinge durch und triff ihn. Schläger und Ball müssen sich begegnen. Mach dein Team stolz.« Positive Aufforderungen.

Ähnlich gingen wir in der Ausbildung unserer Scharfschützen vor. Wir brachten ihnen bei, sich selbst zu beraten. Wir zeigten ihnen, wie sie den Schalter umlegen und das Gespräch in ihrem Kopf in eine andere Richtung lenken konnten. Ja, eine ganze Generation von SEAL-Scharfschützen, die zu den tödlichsten Kriegern der Welt zählen, wurde in der Kunst und Wissenschaft des *Selbstgesprächs* unterwiesen.

Dieselben Fähigkeiten kann man im Berufsleben genauso nutzen wie auf dem Schlachtfeld.

Mein Freund James Powell gehörte dem Marine Corps an und wollte unbedingt zur CIA. Er entschloss sich, einen Versuch zu unternehmen, und bald saß er mit einem Haufen anderer Kandidaten – Navy SEALs, Green Berets und anderen Elitesoldaten, Leute mit Abschlüssen aus Harvard, Yale und Stanford – in einem Raum und wartete auf sein Bewerbungsgespräch. Plötzlich hatte James das Gefühl, hier vollkommen fehl am Platz zu sein.

Was zum Teufel hatte er dort verloren?

Die Empfangsdame fragte ihn, ob alles in Ordnung sei. »Sie wirken ein wenig nervös.«

»Um die Wahrheit zu sagen«, antwortete er, wobei er seinen Blick durch den Raum wandern ließ, »ich bin nicht sicher, ob ich mich mit diesen Leute messen kann.«

Sie sah ihn an und sagte: »Wissen Sie was? Es hat einen Grund, dass Sie in diesem Raum sind.«

Das war genau, was er hatte hören müssen. Ihr Kommentar gab ihm den Anstoß dazu, im Geist einen Schalter umzulegen. Wenige Minuten später war er an der Reihe und bestand sein Bewerbungsgespräch mit Bravour. Es war der Beginn einer erfolgreichen Karriere. Heute ist er einer der besten Autoren unserer Veteranen-Website bei Hurricane Media und unser Ansprechpartner in allen Fragen, welche die CIA betreffen. Nichts von alledem wäre geschehen, hätte er es an jenem Tag nicht geschafft, das Gespräch in seinem Kopf von einem Augenblick auf den anderen in eine andere Richtung zu lenken.

Seit einigen Jahren betreibe ich einen Podcast unter dem Titel »The Power of Thought«. Unter meinen bisherigen Gästen waren ein Kampfpilot aus dem Zweiten Weltkrieg, ein Astronaut, der einen Weltrekord aufgestellt hat, mehrere legendäre Musiker, erfolgreiche Unternehmer und Fondsmanager, die Milliarden verwalten. Und natürlich habe ich Navy SEALs, Green Berets und andere Elitesoldaten interviewt. In all diesen Gesprächen ist mir ein zentraler Charakterzug aufgefallen: All diese Leute sind in der Lage, den geistigen Schalter zu finden und umzulegen. Ich bin überzeugt, dass die Fähigkeit, sich selbst zu beobachten und den inneren Dialog in eine andere Richtung zu lenken, ein wesentliches Merkmal eines reifen, erwachsenen Menschen ist, der sich in der Welt behaupten kann. Diese Fähigkeit macht aus einem Menschen, der sich als Opfer fühlt, eine Person, die ihr Schicksal in die Hand nehmen kann. Sie verwandelt jemanden, der die Schuld an Fehlschlägen bei anderen sucht, in jemanden, der die Dinge in die Hand nimmt und positive Schritte unternimmt, um eine unvorteilhafte Situation zu ändern. Sie macht aus einem Menschen, der den Umständen ausgeliefert ist, einen Menschen, der die Umstände beherrscht.

Sie versetzt einen Menschen in die Lage, seine Angst zu meistern.

Verstehen Sie mich nicht falsch: Hier geht es nicht um Verleugnung oder darum, sich selbst einzureden, eine Gefahr sei nicht real. Vielleicht haben Sie schon von dem pseudopsychologischen Gerede darüber gehört, dass Angst nichts weiter sei als »falsche Beweise, die wirklich erscheinen«. Das ist Blödsinn. Angst bedeutet, dass man *sich einer Gefahr bewusst ist.* Es ist nichts Falsches oder Eingebildetes an einer Gruppe übellauniger Kämpfer, die Gewehre auf dich richten, an einem Hai, der auf dich zuschwimmt, oder an einem Unternehmen, das kurz vor dem Konkurs steht. Oder an der Angst davor, bei dem Versuch, die Jalousie an einem Fenster zu reparieren, von einer Leiter zu fallen und sich den Hals zu brechen. Der beliebte Spruch trifft durchaus zu: Shit happens. Die Welt ist ein gefährlicher Ort. Das Leben ist ungewiss. Jeder Augenblick ist kostbar. Und woran liegt das? Daran, dass er nicht von Dauer sein wird.

Die Angst ist keine Illusion. Sie ist sehr real. Wer sich einredet, eine Gefahr sei nicht real, der ist bereits tot.

Es geht um etwas anderes: Allzu oft konzentrieren wir uns auf das Bewusstsein einer Gefahr und vergrößern sie auf diese Art in unserem Kopf. Die Folge ist, dass sie in unserem Kopf weiter wächst und unser Denken ausfüllt. Wir beginnen, ein falsches Gespräch darüber zu führen. Wir spinnen diese Geschichte weiter, erzählen sie uns ein ums andere Mal und drehen uns dabei im Kreis. Anstatt die Angst zu meistern, liefern wir uns der Angst aus.

Wenn das geschieht, müssen wir folgendes tun:

1. Wir müssen uns unserer Angst bewusst werden.
2. Wir müssen sie umlenken, den Schalter im Kopf umlegen.

Das hat nichts mit verschwommener New-Age-Psychologie zu tun. Hier geht es darum, wie Schlachten ausgefochten und gewonnen werden. Es geht darum, wie Milliardengeschäfte abgeschlossen und herausragende Karrieren aufgebaut werden, wie Schicksale gestaltet und erfüllte Leben gelebt werden.

Machen Sie Ihre Angst zu einem Verbündeten

In diesem Buch werde ich Ihnen nicht erklären, wie Sie Ihre Angst »überwinden« können. Ich halte nichts von Versuchen, die Angst zu besiegen, denn ich betrachte die Angst nicht als meinen Feind. Ganz im Gegenteil: Meine Erfahrung ist, dass ein Fehlschlag unvermeidlich ist, wenn man die Angst als Feind betrachtet.

Die Angst ist nichts, was wir bekämpfen sollten. Wir müssen sie akzeptieren.

Vielleicht kennen Sie das folgende Gedankenspiel: »Was würdest du tun, wenn du keine Angst hättest?« Dies ist eine jener Aufforderungen, die viele Leute als göttliche Offenbarung betrachten, so als hätte sie jemand in eine Steinplatte gemeißelt und vom Berg Sinai heruntergetragen. Aber ich will Ihnen sagen, was meine beiden Kameraden und ich an jenem Tag in Afghanistan getan hätten, wenn wir keine Angst gehabt hätten: Wir wären in Gefangenschaft geraten, wenn uns nicht etwas Schlimmeres zugestoßen wäre. Ich verstehe, worauf das besagte Gedankenspiel hinauswill, und es ist mir klar, dass es durchaus etwas für sich hat. Aber in meinen Augen gibt es hier eine sehr viel wichtigere Frage:

»Was würdest du tun, wenn du Angst hättest?«

Wie geht man mit der Angst um? Lässt man sich von ihr bremsen oder antreiben? Die Angst kann ein Gefängnis sein. Sie kann aber auch ein Trampolin sein, das uns zu großen Erfolgen katapultiert. Wenn man die

Biografien bedeutender Menschen liest, so stellt man fest, dass Menschen, die Großes erreichen, normalerweise nicht erfolgreich sind, weil sie ihre Angst leugnen oder zu verdrängen versuchen, sondern weil sie sie akzeptieren. Sie sehen keinen Feind, sondern einen Verbündeten in ihrer Angst.

Das Ziel kann nicht sein, die Angst zu beseitigen. Es wäre nicht gut, wenn die Angst verschwände. Wir wollen nicht vollkommen entspannt in den Ring steigen, auf die Bühne gehen oder in die Schlacht ziehen. Sänger, Tänzer, Schauspieler und Redner werden Ihnen sagen, dass die Nervosität, dieser Anflug von Angst kurz vor einem Auftritt Gold wert ist: Ohne Angst wären sie unfähig zu den außergewöhnlichen Leistungen, die sie vollbringen. Sie brauchen den Adrenalinstoß, die feuchten Hände, das flaue Gefühl in der Magengegend. Rekorde werden nicht im Training gebrochen, sondern im Druckluftttopf des Wettkampfes.

Die Angst hat große Ähnlichkeit mit dem Feuer: Gerät das Feuer außer Kontrolle, so wird es zerstörerisch. Lernt man jedoch, es richtig einzusetzen, so kann man viel Gutes damit tun. Die menschliche Zivilisation wäre nicht entstanden, wenn es nicht gelungen wäre, das Feuer nutzbar zu machen. Und wenn Sie lernen, Ihre Angst nutzbar zu machen, kann dies Ihr Schicksal ändern.

José Torres war einer der Großen des Boxsports, der eine olympische Silbermedaille gewann (er verpasste Gold nur um einen Punkt) und als erster Lateinamerikaner Weltmeister im Halbschwergewicht wurde. Seine Geheimwaffe hatte ihm sein legendärer Trainer Cus D'Amato in die Hand gegeben: Im Verlauf ihrer Zusammenarbeit fand José etwas über seinen Trainer heraus, was ihn schockierte: D'Amato hatte furchtbare Angst vor dem Fliegen. Tatsächlich stieg er nie in ein Flugzeug ein.

»Willst du mich auf den Arm nehmen?«, fragte Torres, als er von der Angst seines Trainers erfuhr. »Wie kannst du mir beibringen, im Ring meine Angst zu besiegen, wenn du selbst nicht einmal in ein Flugzeug steigen kannst?«

D'Amato schüttelte den Kopf. »Du solltest klüger sein, José. Wenn du ein Champion werden willst, *musst* du Angst haben.«

Später erklärte Torres: »Du *brauchst* die Angst, damit du erkennen kannst, dass dein Gegner einen Schlag ansetzt, *bevor* er tatsächlich zuschlagen wird. Du brauchst sie, um zu antizipieren, was dein Gegner tun wird, bevor er es tut. Das geht nur, wenn du Angst hast. Ein Champion zeichnet sich dadurch aus, dass er diese Angst hat – nicht, dass er sich von ihr überwältigen lässt, sondern dass er sie für sich nutzen kann. Die Angst ist einer der besten Freunde eines Champions.«

Auch Sie können Josés Strategie anwenden. Wenn Sie das nächste Mal echte Furcht oder Angst empfinden, weil Sie an den Hai denken, der sich möglicherweise nähert – weil Sie an diese große Rechnung, diese wichtige Sitzung, dieses schwierige Gespräch denken –, sollten Sie keinen Augenblick und nicht das geringste bisschen Energie mit dem Versuch verschwenden, die Furcht zu unterdrücken oder zu ignorieren. Nutzen Sie die Angst. Nehmen Sie sie an. Verbünden Sie sich mit ihr.

Anstatt zu denken: *Ich fürchte mich nicht, ich fürchte mich nicht* – Sie wissen, dass das Blödsinn ist, weshalb Sie es sowieso nicht glauben –, sollten Sie sich fragen: *Wie kann ich diese statische Ladung nutzen, um meine Energie zu vergrößern?*

Atmen Sie tief durch. Schwingen Sie sich auf Ihr Ross. Die Herausforderung ist real, aber Sie dürfen sie im Kopf nicht größer machen, als sie wirklich ist. Sie sind ihr gewachsen. Seien Sie sich Ihrer Angst bewusst und konzentrieren Sie sich auf den Schlag. Bringen Sie Ball und Schläger zusammen. *Sie haben es drauf.* Seien Sie der Champion, der Sie sind.

Werden Sie ein Mensch, der nicht ertrinken kann

Zu jener Zeit wusste ich es nicht, aber die Erfahrungen, die ich als Halbwüchsiger mit der Unterwasserfauna machte, bereiteten mich auf die

Situationen vor, mit denen ich Jahre später bei den Navy SEALs in der Kampfschwimmerausbildung konfrontiert werden sollte. Zum Beispiel auf das »Unertrinkbarkeitstraining«, das »drown-proofing«.

In diesem Training werden dir die Hände hinter dem Rücken gefesselt. Auch die Beine werden an den Knöcheln zusammengebunden. Dann werfen sie dich in ein Tauchbecken. Nachdem du dich ein paar Minuten hast treiben lassen, erhältst du den Befehl, auf und ab zu dümpeln. Du sinkst fünf Meter hinab auf den Grund, stößt dich mit den Füßen ab, kehrst an die Oberfläche zurück, holst Luft, lässt dich wieder zum Grund hinab sinken, stößt dich ab, um zur Oberfläche zurückzukehren, und so weiter. Fünf Meter sind keine unbedeutende vertikale Distanz.

Diese Übung wiederholst du fünf Minuten. Kein unbedeutender Zeitraum.

Dann bläst ein Trainer in die Trillerpfeife, und du beginnst, Längen zu schwimmen, insgesamt ein paar hundert Meter. Da du an Händen und Füßen gefesselt bist, kannst du natürlich nicht normal schwimmen. Du musst einen Weg finden, dich in einer Art von Delphinstil vorwärtszubewegen.

Vor der Prüfung hast du ein paar Tage Zeit zum Üben. Einige Männer verlieren schon bei den Übungen die Nerven und schaffen es nicht einmal bis zur Prüfung. Sie geben auf – und damit sind sie aus dem Programm ausgeschieden. Was sie nicht begreifen ist Folgendes: Wenn du nicht zulässt, dass die Panik Besitz von dir ergreift, erhöht diese Übung tatsächlich dein Selbstvertrauen. Anfangs fühlt man sich auf quälende Art behindert, wenn man seine Arme und Beine nicht wie gewohnt einsetzen kann. Es ist ein fast klaustrophobisches Gefühl. Aber wenn man sich entspannt und sich treiben lässt, erkennt man rasch, dass man auf diese Art eigentlich sehr gut schwimmen kann.

Und es kommt noch mehr. Als Nächstes muss man 50 Meter unter Wasser schwimmen. Abstoßen von der Beckenwand ist nicht erlaubt: Man hüpft mit den Füßen voraus ins Wasser, macht unter Wasser eine Rolle, schwimmt eine Länge von 25 Metern, berührt die Wand und schwimmt zurück, ohne ein einziges Mal zum Luftholen an die Oberfläche zu kommen. Wenn man den Atem anhalten und die Ruhe bewahren kann, ist es körperlich nicht übermäßig anstrengend. Aber das ist ein großes *Wenn*.

Wenn die Schwimmer am Ende der ersten Bahn die Wand berührt haben und sich auf den Rückweg machen, verlieren normalerweise einige Männer das Bewusstsein und treiben wie tote Goldfische an der Oberfläche. Die Trainer lassen diese Männer normalerweise durch. Sie haben es fast geschafft und wenigstens nicht aufgegeben.

Andere gelangen an einen Punkt, an dem sie es nicht mehr aushalten und freiwillig auftauchen, um Luft zu holen. Das wird als Fehlversuch gewertet. Eigentlich hätten sie es schaffen können, aber da sie glaubten, es nicht länger aushalten zu können, vergeudeten sie wertvolle Energie, um die Panik zu bekämpfen.

Einige Männer versuchen es gar nicht erst. Wenn die Übung erklärt wird, geben sie auf, packen ihre Sachen zusammen und gehen nach Hause. Sie sind untergegangen, ohne einen Fuß ins Wasser zu stecken.

Hier geht es nicht einfach um das Wasser.

Man kann überall in Angst ertrinken.

Nehmen wir beispielsweise den Ausdruck »in Schulden ertrinken«. Das geht? Man kann in Schulden *schwimmen*, aber kann man auch darin *ertrinken*? Auch das findet vor allem im Kopf statt. Die Welt ist kein Roman von Charles Dickens, und wir leben nicht im England des 19. Jahrhunderts. Es gibt kein Schuldgefängnis mehr. Man kann tief in der Kreide stehen, mit weniger als nichts anfangen, ein Vermögen schulden und sich trotzdem retten. Vielen Leuten gelingt das. Ich habe die Erfahrung selbst gemacht. Man ertrinkt nicht wirklich in den Schulden, sondern *in dem Gespräch, das man mit sich selbst über die Schulden führt*. Dieses Gespräch wirkt sich auf das Verhalten und auf die Realität aus.

Nehmen wir an, Sie haben mehrere Gläubiger und können Ihre Schulden im Augenblick nicht begleichen. Wenn Sie denken, dass Sie ertrinken werden, geraten Sie in Panik und beginnen, nach Luft zu schnappen: Sie gehen Ihren Gläubigern aus dem Weg, reagieren nicht auf ihre Anrufe, lassen ihre E-Mails unbeantwortet und gehen lächerliche Risiken ein, um ihre Verluste so rasch wie möglich wettzumachen. Aber damit tun Sie nichts anderes, als wild im Wasser zu zappeln, was nur dazu führt, dass Sie immer häufiger untergehen und wertvolle Energie vergeuden.

Stattdessen müssen Sie in dieser Situation die Ruhe bewahren und Sauerstoff sparen. Nehmen Sie Kontakt zu ihren Gläubigern auf und erstellen Sie einen realistischen Rückzahlungsplan. Sie werden überrascht sein, welche Zugeständnisse Sie von den Gläubigern erhalten werden, wenn Sie ihnen beweisen können, dass Sie aufrichtig bemüht sind, Ihre Schulden zurückzuzahlen. Verringern Sie Ihre Ausgaben, nehmen Sie einen Überbrückungskredit auf, um die Schulden zu bündeln, und weiten Sie Ihre Geschäftstätigkeit aus oder suchen Sie sich einen vorübergehenden Zusatzjob. Tun Sie alles, was in Ihrer Macht steht, um die Schulden Zug um Zug zu verringern – jetzt *schwimmen* Sie.

Denken Sie an James Powell, wie er im Empfangsbereich saß und auf sein Bewerbungsgespräch bei der CIA wartete. Er ertrank in Unsicherheit. Dasselbe tat der junge Baseballspieler Bobby, der verkrampft am Schlagmal stand und angsterfüllt zum Werfer hinübersah: Er ertrank in der blamablen, demütigenden Vorstellung von einem Fehlschlag.

Menschen ertrinken in Unerfahrenheit, in Verpflichtungen, in unglücklichen Beziehungen, in verhassten Jobs. Sie denken, dass ihnen die Atemluft ausgeht, dass ihnen die Zeit davonläuft, dass sie keine Optionen mehr haben. Das ist nicht richtig, aber sie glauben, dass es so ist – also gehen sie unter. In Wahrheit könnten sie selbst mit gefesselten Händen und Füßen durchaus schwimmen, wenn es ihnen nur gelänge, das Gespräch in ihrem Kopf in eine andere Richtung zu lenken. Aber sie haben aufgegeben.

Sie brauchen nicht mehr Kapital, mehr Einkommen, mehr Sauerstoff. Sie brauchen ein anderes Verständnis ihrer Situation: Sie müssen verstehen, welche Richtung die Angst ihnen weist. Und sie brauchen eine Karte, um dorthin zu gelangen.

Womit wir wieder bei meinem Freund Kamal sind.

Folgen Sie dem Wegweiser

Es gab nur einen Grund dafür, dass Kamal und ich gemeinsam in diesem Schwimmkurs landeten: Wir dachten ähnlich über die Angst.

Ich habe die Angst als Geheimwaffe beschrieben, als den besten Freund eines Champions, als Katapult oder Handschellen, als Bewusstsein der Gefahr und Gefühl der Bedrohung. All das sind gültige Beschreibungen. Aber die nützlichste Definition der Angst, auf die ich bisher gestoßen bin, ist folgende:

Die Angst ist ein Hinweisschild, das uns den Weg zur Belohnung weist.

Kamal drückt es so aus: »Ich halte mich an folgende Regel: Wenn mir etwas Angst macht, weiß ich, dass jenseits der Angst etwas Wunderbares liegt.« Deshalb war er bereit, sich beim Schwimmbecken mit mir zu treffen. Er wusste, dass es sich lohnen würde.

Vor einigen Jahren folgte Kamal dem berühmten Jakobsweg durch Spanien (auf seinen Erlebnissen bei dieser Wanderung beruht sein 2017 erschienener Roman *Rebirth*). Entlang der gesamten Route konnten sich die Pilger an gelben Pfeilen orientieren, die jemand auf Steine, Bäume, Briefkästen und Gehwege gesprüht hatte.

Kamal sieht diese gelben Pfeile heute noch überall, wo er hinkommt. Wir alle tun das. Nur deuten wir sie falsch. Wir sehen diese gelben Pfeile als Warnhinweise: *Halt! Gefahr! Kehre um! In Wahrheit weisen sie uns den richtigen Weg und flüstern: Hier entlang. Hier entlang.*

Diese gelben Pfeile haben einen Namen: Angst. Was wir als Gefahr deuten, ist in Wahrheit oft das Prickeln der Abenteuerlust, die elektrisierende Vorfreude auf das Unbekannte, das uns jenseits des Horizonts erwartet. Die gelben Pfeile sind Schilder, auf denen steht: *Dort erwartet dich etwas Aufregendes.*

Sie sind Hinweisschilder, die uns den Weg zur Belohnung zeigen.

Ich liebe es, Leute in meinem RV6A-Kleinflugzeug mitzunehmen, das unweit von Manhattan auf einem Flugfeld steht. Ich fliege mit ihnen an der Freiheitsstatue und an der Skyline von Manhattan vorbei und zeige ihnen den Central Park aus 500 Metern Höhe. Ich habe schon mehr als hundert Personen zu einem Rundflug über New York mitgenommen, und ich werde nicht müde, das zu tun. Ich habe sogar ein interessantes Muster beobachtet.

Es macht manche Passagiere nervös, in ein so kleines Flugzeug zu steigen, und einige fürchten sich sogar davor. Andere absolvieren den gesamten Flug ohne die geringste Angst. Interessant ist, dass die Passagiere, die keinerlei Nervosität verspüren, im Nachhinein auch weniger begeistert von der Erfahrung sind. Für sie ist der Flug nichts Besonderes. Hingegen sind jene, die sich am meisten fürchteten, zugleich auch jene, die das Erlebnis am meisten genossen. Es bedeutet ihnen mehr. Sie haben eine größere Hürde überwinden müssen, was den Wert der Erfahrung erhöht.

Der Grund ist, dass die Belohnung auf der anderen Seite der Angst wartet.

Alles schön und gut, denken Sie jetzt vielleicht, *aber wie komme ich dorthin? Mag sein, dass dort drüben die Belohnung auf mich wartet, aber ich bin immer noch hier! Was soll ich also tun?*

Diese Frage werde ich in diesem Buch beantworten.

Ich habe Ihnen versprochen, Ihnen genau zu erklären, was ich mit Kamal tat, damit er seine panische Angst vor dem Wasser bewältigte und wenige Tage später eine Arschbombe mit Anlauf machte. Es ist an der Zeit, dieses Versprechen einzulösen.

Eine Karte für den Weg zur Belohnung

Stellen Sie sich Ihr Leben als eine Abenteuergeschichte vor, mit Fabelwesen, Ungeheuern, undurchdringlichen Wäldern, unmöglichen Aufgaben – und einer fantastischen Belohnung, die am Ende der Reise auf Sie wartet: Das kann ein Ring, ein Schatz, ein Zaubervogel, der Schlüssel zum Königreich sein. Sie sind die Prinzessin oder der Prinz, und dies ist Ihre Reise. Diese Fabelwesen, Ungeheuer und Wälder sind alles, was Ihnen anscheinend im Weg steht: jede Gefahr, jedes Risiko, jedes Hindernis. Alles, was zwischen Ihnen und den Dingen steht, nach denen Sie sich sehnen.

Die Angst weist Ihnen den Weg. Aber wie kommen Sie ans Ziel?

Ich werde Ihnen sagen, wie Sie ans Ziel gelangen.

Die Reise besteht aus fünf Etappen. Dies sind: *Entscheidung, Übung, Loslassen, Absprung und Wissen, was zählt.* Diese können wir als Etappen auf dem Weg von der Angst zur Belohnung bezeichnen.

Ich habe die Erfahrung gemacht, dass der Ausgangspunkt für die Bewältigung der Angst eine Entscheidung ist, ein persönliches Bekenntnis zur Auseinandersetzung mit der Angst und zum Handeln im Bewusstsein der Angst – selbst wenn Sie nicht wissen, worin die geeignete Handlung besteht oder wie Sie zur Tat schreiten können. Das Wie und das Was sind in diesem Augenblick nicht wichtig. Es geht nur um die Entscheidung: *Ich werde das tun.* (Dies ist die *Entscheidung.*)

Sobald Sie sich entschieden haben, müssen Sie alles tun, was nötig ist, um ihr Vorgehen zu organisieren und sich vorzubereiten (Übung). Haben Sie sich einmal richtig vorbereitet, so ist der Zeitpunkt gekommen, um sich von allen Krücken, Beschränkungen oder Sicherheitsnetzen zu lösen, an die Sie sich bisher geklammert haben, denn diese Dinge hindern Sie daran, den Sprung ins kalte Wasser zu wagen (*Loslassen*). Nachdem Sie den Beckenrand losgelassen haben, können Sie losschwimmen und Ihre Reise beginnen (*Absprung*).

Schließlich muss es sich lohnen, den gesamten Prozess zu durchlaufen. Es muss etwas Wichtiges geben, das heißt etwas, das *für Sie* wichtig ist (*Wissen, was zählt*). Oft können Sie den letzten Schritt, den Sprung ins Unbekannte, nicht wagen, ohne zuvor klar gesehen zu haben, was dieses bedeutsame Etwas ist.

Alle auf den folgenden Seiten beschriebenen Begegnungen mit der Angst, die mich und andere Personen zum Erfolg geführt haben, folgten diesem Muster, indem fünf voneinander getrennte Schritte aufeinander folgten.

Genau diese Schritte absolvierte ich damals im Schwimmbecken des New York Athletic Club mit Kamal.

1. Entscheidung

Die Bewältigung der Angst beginnt mit einer Entscheidung.

Als ich zum ersten Mal mit Kamal darüber sprach, ihm zu helfen, schwimmen zu lernen, bat ich ihn, sich auf eine Woche festzulegen. Ich sagte nicht: »Warum kommst du nicht einmal vorbei und wir sehen uns an, was geschieht?« Ich sagte nicht: »Willst du es einmal versuchen?« Ich sagte nicht: »Komm einfach vorbei, wenn du Zeit hat, und wir probieren es einmal.« Ich sagte ihm, er müsse eine Woche lang jeden Tag um dieselbe Uhrzeit kommen.

Er war einverstanden.

Kein Zögern. Kein *Vielleicht.* Er sagte, dass er kommen würde, und er erschien pünktlich zum vereinbarten Zeitpunkt.

Entscheidung.

2. Übung

Nachdem sich Kamal entschieden hatte, ins Wasser zu steigen, war die Frage, was wir dort tun sollten? Sicher war nur, dass ich nicht tun würde, was bis dahin alle getan hatten, die versucht hatten, ihm zu helfen: Ich würde ihn nicht ins Becken schubsen, um ihn »aus seiner Komfortzone zu holen«.

In den meisten Fällen ist diese Methode vollkommen falsch. Die meisten Leute verlieren die Nerven, wenn sie ihre »Komfortzone« verlassen. Warum? Weil sie nicht vorbereitet sind. Mein erstes Ziel war, Kamal vorzubereiten.

Man sollte nicht mit dem beginnen, was man nicht beherrschen kann. Man muss mit dem beginnen, was man beherrschen kann, und darauf aufbauen. Es ging nicht um die Techniken, die ihm andere Schwimmlehrer beizubringen versucht hatten, Armbewegungen, Beinbewegungen, Strampeln, Kraulzüge, sogar das Sich-treiben-Lassen war unerheblich. Es ging um das Wasser und das Atmen. Darum geht es beim Waterboarding, darum geht es bei der Angst vor dem Ertrinken. Wasser und Atmung.

Also begannen wir mit dem Wasser und der Atmung.

»Wir werden Folgendes machen«, erklärte ich ihm. »Auf mein Zeichen wirst du Luft holen und sie anhalten. Dann wirst du den Kopf ins Wasser tauchen, aber nur für einen Moment, und während du im Wasser bist, wirst du ausatmen, so als wolltest du Bläschen machen. Ich werde es dir vormachen. Du wirst nicht einatmen, sondern nur ausatmen. Sobald du die Luft unter Wasser ausgeatmet hast, hebst du den Kopf aus dem Becken. Dann holst du wieder Luft und wiederholst die Übung. In Ordnung?«

Er nickte. Ich machte es ihm vor, und er sah mir aufmerksam zu. Er wusste, was zu tun war.

Jetzt war er an der Reihe.

Ich begleitete den Ablauf: »Okay, einatmen, und jetzt den Kopf unter Wasser und ausatmen.« Kamal steckte den Kopf ins Wasser, ein paar Luftblasen stiegen an die Oberfläche, und im nächsten Augenblick tauchte sein entsetztes Gesicht auf.

»Sehr gut«, sagte ich. »Jetzt atme wieder ein« – die Anweisung erübrigte sich, denn er hatte in dem Augenblick, als sein Gesicht aus dem Wasser aufgetaucht war, panisch nach Luft geschnappt – »und halte den Kopf erneut ins Wasser. Aber diesmal atme langsam aus.«

Er tat es und hob den Kopf wieder aus dem Wasser. Ein paarmal vertat er sich, geriet ein wenig in Panik, verschluckte sich und spuckte Wasser, aber nach ein paar Wiederholungen hatte er die Übung im Griff.

Dann machten wir den nächsten Schritt. Ich zeigte ihm, wie er die Beine im Wasser bewegen musste und ließ ihn mit einem Schwimmbrett üben. An dieser Übung war nichts Bedrohliches. In Wahrheit war das Wassertreten gar nicht so wichtig. Es ging mir darum, dass er sich im Wasser wohlfühlte und das Gefühl hatte, seinen Körper zu beherrschen. Den wichtigsten Schritt hatten wir bereits hinter uns: Wasser und Atmung.

Beachten Sie: Er schwamm nicht. Er vergrößerte seine Komfortzone.

Übung.

3. Loslassen

Am zweiten Tag wiederholten wir dieselben Übungen: Wasser einatmen, den Kopf eintauchen und ausatmen, auftauchen und wieder einatmen, eintauchen und ausatmen. Und Wasser treten.

Diese Abläufe hatte er mittlerweile verinnerlicht, aber wir waren immer noch am Beckenrand. Sobald er sich unwohl fühlte, hielt er sich am Rand fest. Aber ich wusste, was hier zu tun war.

Ich sagte zu ihm: »Ich möchte dir etwas zeigen.« Ich sagte ihm, dass ich ihm vorführen würde, wie mit Luft gefüllte Lungen ihn über Wasser halten würden. Ich erklärte ihm, dass man nur den Körper an der Wasseroberfläche ausstrecken und die Lungen mit Luft füllen musste, damit sie wie die Behälter, die man beim Tauchen verwendete, für Auftrieb sorgten. »Schau mir zu.«

Ich holte tief Luft, hielt sie an, stieß mich vom Beckenrand ab ... und trieb an der Oberfläche. Er schaute mir zu. Ich ließ mich treiben. Dann blies ich die Luft laut aus, damit er es hören konnte, und begann zu sinken.

»Meine Güte«, sagte er. »Ich verstehe. Das funktioniert wirklich.«

»Jetzt bist du dran«, sagte ich. »Hol tief Luft ... anhalten ... und jetzt abstoßen.«

Er tat es. Er streckte seinen Körper aus, löste sich ein kleines Stück vom Beckenrand und ließ sich auf dem Rücken treiben, so wie ich es ihm vorgemacht hatte. Als er die Luft nicht länger anhalten konnte und begann, sie auszuatmen, begann er abzusinken – und griff nach dem rettenden Beckenrand.

»In Ordnung«, sagte ich. »Das ist der nächste Schritt. Du musst aufhören, dich am Rand festzuhalten. Du solltest Folgendes tun: Wenn du beginnst, dich unwohl zu fühlen, solltest du nicht nach dem Beckenrand greifen, sondern einfach erneut tief einatmen und dich auf dem Rücken treiben lassen.«

Er brauchte einige Versuche, aber am Ende schaffte er es. Als es ihm zum ersten Mal gelang, konnte ich fast hören, wie es *Klick!* machte. Er hatte gelernt, sich an den Beckenrand zu klammern, sobald er sich unsicher fühlte, aber jetzt hatte er diesen Impuls durch eine andere Reaktion ersetzt: Anstatt den Arm nach dem rettenden Beckenrand auszustrecken, drehte er sich auf den Rücken und ließ sich treiben.

Loslassen.

4. Absprung

Erinnern sie sich an die »Unertrinkbarkeits«-Übung aus der Kampfschwimmerausbildung, bei der die SEAL-Anwärter an Händen und Füßen gefesselt wiederholt zum Grund des Beckens tauchen und an die Wasseroberfläche zurückkehren müssen? Sobald Kamal in der Lage war, sich vom Beckenrand zu lösen, machte ich diese Übung mit ihm. Natürlich fesselte ich ihn nicht an Händen und Füßen. Und ich machte die Übung gemeinsam mit ihm. Wir tauchten zusammen ab, wobei wir einander anschauten, und kehrten zusammen zur Oberfläche zurück. Wie Synchronschwimmer.

Auch das funktionierte nicht auf Anhieb. Er geriet mehrfach in Panik und tauchte sofort wieder auf. Aber er schaffte es. »Ich kann nicht glauben, dass ich das tue«, sagte er zwischen den Tauchgängen. Und das sagte er mehr als einmal. Schritt für Schritt begann er sich angesichts seiner Angst zu entspannen. Am Ende der Übungseinheit saß er vollkommen gelöst im Schneidersitz vier Meter unter der Wasseroberfläche auf dem Beckengrund. Dann stieß er sich ab, tauchte auf, holte Luft und kehrte wieder zurück zum Grund, um sich hinzusetzen.

Am dritten Tag wiederholten wir alles, was wir an den ersten beiden Tagen geübt hatten, und ich zeigte ihm, wie er beim Seitenschwimmen die ganze Zeit den Kopf aus dem Wasser heben konnte. Dann zeigte ich ihm, wie er beim Rückenschwimmen langsam ein- und ausatmen konnte. Ich ließ ihn auf dem Rücken eine Bahn durch das Becken schwimmen und nach einer Pause zurückkehren. Insgesamt schwamm er zehn Längen. Das Becken im Athletic Club ist 50 Meter lang, womit eine volle Länge 100 Metern entspricht.

An diesem Tag schwamm Kamal einen Kilometer.

Absprung.

»Sieh dir an, was du kannst«, sagte ich. »Vergiss das Problem mit dem Kitesurfing – würdest du jetzt ohne Schwimmweste vom Boot fallen, könntest du dich problemlos über Wasser halten. Du müsstest dich nur auf den Rücken drehen und tun, was du jetzt getan hast. Du kannst *schwimmen.*«

Das war's. Von da an Arschbomben.

5. *Wissen, was zählt*

Das Lustige daran war, dass das Schwimmen selbst für Kamal nicht unbedingt wichtig war. Er strebte keine Karriere als Rettungs- oder Kampfschwimmer an. Es gab keinen zwingenden Grund dafür, dass er schwimmen können *musste*. Dass er nicht schwimmen konnte, hatte keine nennenswerten Auswirkungen auf sein Leben. Es war lediglich ein soziales Hemmnis: Es war ihm unangenehm, an Poolpartys seiner Freunde teilzunehmen. Aber das war nicht unbedingt ein großes Problem.

Entscheidend war, dass sich Kamal nicht damit abfinden wollte, dass ihn die Angst einschränkte. Er drückte es so aus: »Es gefällt mir nicht, Angst zu haben. Es wurmte mich sehr, nicht schwimmen zu können.« Es ging nicht um das *Schwimmen*, sondern um das *Nichtkönnen*.

Es war wichtig für ihn, schwimmen zu können, weil es wichtig für ihn war, ein Leben ohne Einschränkungen führen zu können.

Später sagte er mir, dass die erste Bombe vom Beckenrand eine der beglückendsten Erfahrungen in seinem Leben war. Es war nicht die Bombe selbst. Es war die Freiheit, die Bombe machen zu können. Für dieses Gefühl hatte es sich gelohnt, sich seiner Angst zu stellen. Dieses Gefühl war Kamals Belohnung, das wunderbare Erlebnis jenseits der Angst. Es begleitet ihn seit jenem Tag.

Er sagt, dass immer noch gelegentlich Panik in ihm aufsteigt. Manchmal spürt er im Schwimmbecken plötzlich, dass sie von ihm Besitz ergreift. Wenn das geschieht, dreht er sich einfach auf den Rücken, lässt sich treiben und genießt lächelnd seine Freiheit.

Dies sind die Etappen auf dem Weg von der Angst zur Belohnung:

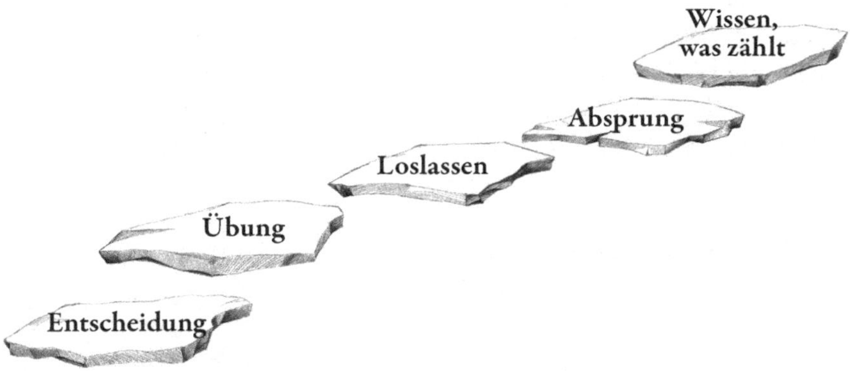

In den folgenden fünf Kapiteln werden wir uns jede dieser Etappen genauer ansehen.

Und wenn wir beim Ergebnis angelangt sind, werden Sie Ihre Belohnung erhalten.

In der Praxis

Um die Angst zu meistern, müssen Sie nicht stärker, härter oder stoischer werden. Sie müssen lernen, das Gespräch in Ihrem Kopf zu verstehen und in eine andere Richtung zu lenken. Diese Fähigkeit zur Selbstbeobachtung und Umleitung Ihres inneren Dialogs wird es Ihnen ermöglichen, die Opfermentalität abzuschütteln und den Willen zur Gestaltung Ihres Lebens zu entwickeln. Sie werden aufhören, anderen die Schuld an Ihren Fehlschlägen zuzuschieben, und stattdessen Ihr Schicksal selbst in die Hand nehmen. Sie werden nicht länger den Umständen ausgeliefert sein, sondern die Umstände beherrschen.

Steuern Sie Ihren inneren Monolog.

- Stellen Sie sich der Gefahr. Machen Sie sich bewusst, dass die Gefahr in der Realität nicht annähernd so groß ist wie in der Geschichte, die sich in Ihrem Kopf abspielt. Wie auch immer die Herausforderung aussieht, Sie müssen sich sagen: Ich werde mich ihr stellen, wenn ich damit konfrontiert werde. Grübeln Sie nicht. Lassen Sie nicht zu, dass sich Negativität und Pessimismus in Ihre Gedanken einschleichen. Laden Sie die Haie nicht in Ihren Kopf ein.
- Legen Sie den Schalter um. Konzentrieren Sie sich auf positive Schritte, die Sie tun können, anstatt sich auf die möglichen Bedrohungen oder Risiken zu fixieren. Konzentrieren Sie sich nicht auf das, was Sie *vermeiden* möchten, sondern auf das, was Sie *tun* können.

Machen Sie die Angst zu Ihrem Verbündeten.

- Denken Sie an die letzte Gelegenheit zurück, bei der Sie Angst oder Furcht empfanden. Schließen Sie die Augen und versetzen Sie sich in diese Situation zurück. Halten Sie sich diese Situation möglichst lebhaft vor Augen.
- Holen Sie tief Luft, sobald Sie die Angst erneut empfinden – und fühlen Sie die elektrische Spannung der Angst als Energiestoß, der Ihnen die Belohnung vor Augen führt.

- Stellen Sie sich folgende Frage: »Wie kann ich diese statische Energie nutzen, um mich anzuspornen?«
- Prägen Sie sich diese drei Schritte ein, sodass Sie die Sequenz beim nächsten Mal, wenn Sie mit einer beängstigenden Situation konfrontiert werden, rasch und entschlossen durchspielen können.

1

ENTSCHEIDUNG

»Verbrennt die Schiffe.«

Alexander der Große nach der Landung in Kleinasien.
Ohne Schiffe hatte seine Armee keine Möglichkeit zum Rückzug mehr.

Ich liege vollkommen erschöpft mit dem Gesicht im Sand. Vier furchteinflößende Männer umringen mich, schreien mich an und tun ihr Bestes, um mir den Garaus zu machen.

Sie wollen mich nicht tatsächlich töten. Sie werden mich nicht in einem Leichensack wegschaffen. Aber sie haben vor, mich fertigzumachen. Und zwar heute. Sie wollen, dass ich Geschichte bin wie das Frühstück von gestern, und sie sind hier, um sicherzustellen, dass ich aufgebe.

Die SEAL-Ausbildung ist berühmt für drei Dinge. Erstens für das Bild, das Sie wahrscheinlich kennen: Erschöpfte, aber entschlossene Männer laufen in einer Reihe am Strand. Sie tragen einen massiven Balken auf den Schultern und werden von einem Ausbilder angebrüllt.

Zweitens für die Tatsache, dass diese Ausbildung ein Martyrium beinhaltet, das als »Höllenwoche« bezeichnet wird.

Und drittens für die brutale Auslese. Die traurige Reihe von Helmen, die auf dem Asphalt liegen, Symbole der Besiegten, der Gescheiterten, der Verlierer. Und über den Helmen hängt die gefürchtete Messingglocke, die Glocke, die jeder Aussteiger dreimal läuten muss, um seine Niederlage vor aller Welt einzugestehen. Die Glocke, die der Besiegte läuten muss, um allen Ausbildern und Kameraden zu sagen: »Ich kann nicht mehr. Ich gebe auf.« Im sogenannten BUD/S-Training (Basic Underwater Demolition/SEAL) hat die Auslese nie ein Ende.

Tatsächlich beginnt sie schon vor dem ersten Tag.

Da liege ich also mit dem Mund voller Sand am Strand und erinnere mich an den Tag vor zehn Wochen, an dem ich mich in den Kurs eintrug. An diesem Tag saß ich auf einer Bank bei diesem Betonschleifer und sah einem Ausbilder zu, der eine andere Klasse von SEAL-Kandidaten durch das zermürbende körperliche Training trieb. Ich hatte eine Höllenangst. *Oh Gott.* Das soll ich *sieben Monate* durchhalten?

Viele junge Männer, die davon träumen, ein Navy SEAL zu werden, überstehen nicht einmal das Aufnahmeverfahren. Der Anblick einer anderen Klasse, die sich durch das Mahlwerk eines unvorstellbar harten Trainings quält, genügt, um ihnen die Lust auf die SEAL-Ausbildung auszutreiben. Ich verstehe, was in ihnen vorgeht. Die Wahrheit ist, dass es mir schwer genug fiel, die Aufnahmeprüfung für das BUD/S-Training zu bestehen, ganz zu schweigen von der eigentlichen Ausbildung. Ich hatte einen mehrjährigen Dienst in der Navy hinter mir und war ein wohlgenährter Seemann, der gerade von einer bequemen Reise an Bord der USS *Kitty Hawk* zurückgekehrt war und sich in den BUD/S-Kurs eintrug, nachdem er mit Müh und Not die Aufnahmetests für die SEAL-Ausbildung bestanden hatte. Ich war der Typ, auf den die anderen Kandidaten herabschauen und den die Ausbilder auf Anhieb für eine frühe Eliminierung vormerken. Von den 220 Männern in meiner BUD/S-Klasse war ich der Typ, der niemand sein will. Ich war *dieser Typ*.

Am anderen Ende des Spektrums fand sich Lars, ein athletischer Kandidat, der alles mitbrachte, um Klassenbester zu werden. Lars hatte Oberschenkel wie Baumstämme und konnte vom Morgengrauen bis zur Abenddämmerung Liegestütze machen. Er schaffte alles, was man von ihm verlangte. Er war nicht menschlich.

In der ersten Woche läutete Lars um halb fünf Uhr morgens die Glocke.

Wir konnten es nicht fassen. Der Mann, zu dem wir alle aufschauten, der Einzige, an dessen Erfolg niemand gezweifelt hatte, war fort. Außer einem weiteren Helm unter der Glocke deutete nichts darauf hin, dass er jemals dagewesen war. Ich lag da in der Dunkelheit, als das einsame Läuten der Messinglocke die Stille der kalten Morgenluft durchschnitt, und konnte beinahe hören, was die Männer rund um mich dachten, all die Männer, die bis zu diesem Augenblick das Gefühl gehabt hatten, sich ganz gut zu schlagen: *Mist! Wenn Lars es nicht schafft, habe ich nicht die geringste Chance!* Als wir die Einweisung hinter uns hatten und mit dem eigentlichen Training begannen, waren bereits 10 Prozent der Teilnehmer ausgestiegen.

Da sitze ich nun kurz vor dem Ende von Phase Eins im Sand und habe nur noch fünf Monate voller Qualen vor mir.

Vorausgesetzt, ich überlebe diese personalisierte Folter.

Für viele Männer wird der Moment der Abrechnung in wenigen Tagen kommen, wenn die »Höllenwoche« beginnt. Aber nicht für mich. Ich bekomme dieses Jahr ein vorgezogenes Weihnachtsfest. Am Nachmittag tauchen die vier professionellen Sadisten auf und nehmen mich beiseite. Einem Löwenrudel gleich trennen sich mich wie ein zum Tode verurteiltes Gnu von der Herde und führen mich allein ein Stück den Strand hinunter, wo sie mich durch eine endlose Abfolge von Übungen treiben, Sand in mein Gesicht schaufeln und mir aus vollem Hals Beleidigungen in die Ohren schreien.

Sie quälen mich mittlerweile seit etwa einer Stunde oder vielleicht auch seit einem Jahr – ich kann wirklich nicht sagen, wie lange diese Ewigkeit schon dauert. *Das ist kein Test*, sage ich zu mir selbst. Diese Kerle wollen nicht herausfinden, »aus welchem Holz ich geschnitzt bin«. Sie wissen bereits, woraus ich bestehe: aus Schmutz und Scheiße und Schwäche. Sie mögen mich nicht, sie haben wirklich überhaupt nichts für mich übrig. In ihren Augen bin ich ein Bremsklotz, der das Team aufhält, und sie haben Recht. Sie wollen mich loswerden, und ich an ihrer Stelle würde dasselbe wollen. Sie versuchen beharrlich, mit erniedrigenden Beschimpfungen und dem größten psychischen Druck, den sie aufbauen können, meinen Willen zu brechen. Sie wollen mich zwingen, über den Strand und die Böschung hinauf zu kriechen und diese verdammte Glocke zu läuten. Ich habe verstanden.

Ich hebe den Kopf, sehe meinem Ausbilder in die Augen und sage ihm, er soll mich am Arsch lecken. Wenn sie mich loswerden, dann nur in einem Leichensack.

Er durchbohrt mich mit einem Blick, der ein Loch in eine Betonplatte brennen könnte. Dann nickt er und lässt von mir ab. Er wendet sich seinen Kollegen zu und sagt vier Worte: »Wir sind fertig hier.«

Er hat es in meinem Gesicht gesehen: Meine *Entscheidung* stand fest.

Von den ursprünglich 220 Männern in meiner BUD/S-Klasse schafften es weniger als zwei Dutzend bis zum Ende. An jenem Nachmittag am Strand wurden mir zwei Dinge klar: Erstens würde ich einer der Männer sein, die es schaffen würden. Zweitens wusste ich jetzt, warum so viele andere es nicht schaffen würden. Es hatte nichts mit Schwäche oder mit der brutalen Ausbildung zu tun.

Es gab einen einfachen Grund dafür, dass so viele Männer ausstiegen: Sie waren nie wirklich *eingestiegen.*

Es waren nicht die Starken, die das gesamte Programm bewältigten. Es waren nicht die Fähigsten oder die Härtesten.

Es waren jene, die sich *entschieden hatten, es zu tun*.

Die Bewältigung der Angst beginnt mit einer Entscheidung. Man könnte meinen, dass große Entscheidungen, die das Leben eines Menschen verändern können, ein Ergebnis von Mut sind. Aber das stimmt nicht. Das Gegenteil trifft zu. Die Stärke und der Mut, die man braucht, um sich durchzusetzen, sind das Ergebnis der Entscheidung.

Die Entscheidung steht am Anfang.

Entscheiden Sie sich für die Entscheidung

Entscheidungen passieren nicht einfach. Man muss sich bewusst dazu entschließen, eine Person zu sein, die Entscheidungen fällt. Man muss sich für die Entscheidung entscheiden.

Es ist mir klar, dass das doppelt gemoppelt klingt, aber es ist die Wahrheit. Viele Menschen gehen durchs Leben, ohne sich jemals wirklich zu entscheiden; zumindest fällen sie keine wichtigen Entscheidungen. Natürlich entscheiden sie, was sie sich heute Abend im Fernsehen ansehen oder welche Socken sie sich am Morgen anziehen wollen. Sie entscheiden auch über ihr Studienfach an der Universität und über den Berufsweg, den sie einschlagen wollen. Aber sogar diese wichtigen Lebensentscheidungen sind für allzu viele Menschen Entscheidungen, in die sie mehr oder weniger hineinrutschen. Sie gehen nicht in sich und legen ein wirkliches Bekenntnis zu einem bestimmten Weg ein, sondern wählen einfach das Naheliegende. Vielleicht haben es ihnen ihre Eltern oder ein älterer Bruder so vorgemacht, vielleicht ist es das, was ihre Umgebung von ihnen erwartet. Oder das, was ihre Freunde tun. Oder einfach das, was zum gegebenen Zeitpunkt am vernünftigsten schien.

In meinen Augen bedeutet das nicht, das Leben richtig zu leben. Zumindest bedeutet es nicht, ein wirklich erfülltes Leben zu leben. Und zweifellos ist das nicht der richtige Weg, um die Angst zu meistern.

Der erste und wichtigste Schritt auf dem Weg zur Herrschaft über die Angst besteht darin, eine Entscheidung zu fällen, die tief in Ihrem Wesen, in Ihrer Seele verwurzelt ist. Um das zu tun, müssen Sie sich entschließen, jene Art von Person zu werden, die solche Entscheidungen fällt.

Sie müssen sich dazu entscheiden, Entscheidungen zu fällen.

Ich lernte das von meinem Vater, und damals hasste ich es.

Ich lebte bis zu meinem achten Lebensjahr mit meiner Familie in den Bergen von British Columbia. Dann entschloss sich mein Vater, etwas zu tun, wovon er und meine Mutter seit Langem träumten: Sie wollten die Welt umsegeln. Sie kauften ein Boot, mit dem wir nach Ventura in Kalifornien segelten, wo wir die folgenden sieben oder acht Jahre an Bord des Boots lebten.

Auf einem Segelboot in Kalifornien zu leben, hatte ein wenig Ähnlichkeit mit einem Leben in einem Wohnwagen in Texas. In der Schule war ich der »Junge auf dem Boot«. Für mich war es ein wunderbares Leben. Jeden Morgen vor der Schule ging ich Surfen. Ab dem zwölften Lebensjahr arbeitete ich auf dem Taucherboot. Mit fünfzehn Jahren hatte ich ein tolles Leben. Ich verdiente gut, verkaufte selbstgefangene Hummer an befreundete Restaurantbesitzer (was vermutlich illegal war) und wartete darauf, endlich sechzehn zu werden, damit ich den Führerschein machen und den Mädchen hinterherjagen konnte.

Eines Abends machte mein Vater eine Ankündigung: »Hier reden alle über die Reise, die wir eines Tages unternehmen werden. Sie werden dahin segeln, sie werden dorthin segeln, blablabla. Ich will nicht der Mann sein, der sein ganzes Leben darüber redet und es nie tut.«

Er hatte eine Entscheidung gefällt. »Wir tun es.« Er meinte es ernst.

Ich war wütend. Ich liebte mein Leben, so wie es war. Ich hatte keine Lust auf eine Familienreise. Aber wir stachen in See. Meine Eltern schrieben meine Schwester und mich an der Fernuniversität ein, und ehe wir uns versahen, segelten wir an der Küste Mexikos entlang und nahmen kurz darauf Kurs auf das Herz des Pazifik.

Als wir die Marquesas-Inseln in Polynesien erreichten, stritten mein Vater und ich über technische Fragen der Seefahrerei. Als wir 1300 Kilometer später Tahiti erreichten, war der Graben zwischen uns nicht mehr zu überbrücken. Einer von uns musste das Boot verlassen. Es gehörte ihm, also verabschiedete ich mich. Am nächsten Tag stand ich auf einer Insel im Südpazifik und dachte: *Mist, das geschieht wirklich.*

Als sie die Segel setzten, war ich nicht mehr an Bord.

Ich ließ alles auf dem Boot zurück, was ich mitgebracht hatte, und das war so ziemlich mein ganzer Besitz: meine Taucherausrüstung, meine Harpune, eine Sammlung von Messern und eine Kiste voller Bücher.

Ich hatte meinen weltlichen Besitz verloren. Meine Eltern hatten mir geholfen, ein Boot zu finden, das auf dem Weg nach Hawaii war. (Die Besatzung des 12-Meter-Katamarans bestand aus einem jungen Paar mit einem dreijährigen Sohn.) In den folgenden zwei Wochen segelten wir nach Norden und nahmen Kurs auf Hilo. Nun war ich mit sechzehn Jahren also heimatlos und segelte allein mit Fremden auf dem Pazifik. In den ersten Nächten weinte ich mich in den Schlaf. Ich fühlte mich vollkommen verlassen.

Als ich endlich wieder in Kalifornien an Land ging, musste ich alle Herausforderungen, mit denen ein Teenager konfrontiert wird, allein bewältigen. Ich musste all die Dinge, die ich stets als selbstverständlich betrachtet hatte, selbst tun. Dazu zählten so einfache Aufgaben wie die Einkäufe selbst zu machen, mein Essen selbst zuzubereiten und meine Wäsche selbst zu waschen. Als ich den Führerschein in der Tasche hatte, wusste ich nicht einmal, wie man tankte. So beängstigend die Überquerung des Pazifik in einem Katamaran gewesen war, diese Herausforderungen waren in mancher Hinsicht noch beängstigender.

Und alles nur, weil mein Vater diese drei Worte gesagt hatte.

Wir tun es.

Der Groll nagte an mir. Aber obwohl ich wütend auf meinen Vater war und obwohl ich Angst hatte, konnte ich den Wert dieser klaren Entscheidung nicht bestreiten. Rückblickend ist mir klar, dass ich trotz all meiner Wut auch Kraft aus dem Beispiel meines Vaters zog.

Sie kennen das wahrscheinlich: Sie schlugen sich mit einer schweren Entscheidung herum, und in dem Augenblick, als sie gefallen war, sah plötzlich alles klarer aus. Es ist wie der Beginn des erfrischenden Regens, nachdem sich den ganzen Tag die Gewitterwolken in der drückend schwülen Luft getürmt haben. Plötzlich ist die Luft erfrischend kühl. Die Klarheit, die wir spüren, nachdem wir lange Zeit über einer schwierigen Entscheidung gebrütet haben, erfüllt uns mit frischer Kraft.

Jahre später las ich über den großen irischen Entdecker Ernest Shackleton, der von vielen Zeitgenossen als rastlos und exzentrisch kritisiert wurde. Andere waren beeindruckt von seinem scharfen Verstand und seinem ungewöhnlichen Führungsstil. Shackleton hielt nichts von autoritären Hierarchien, sondern knüpfte enge Bande zu sämtlichen Mitgliedern seiner Mannschaft. Bei der Auswahl der Teammitglieder maß er dem Charakter größeren Wert bei als der technischen Qualifikation. Und die wichtigste Charaktereigenschaft war in seinen Augen Entschlusskraft.

Im Jahr 1914 bereitete Shackleton eine der bis dahin ehrgeizigsten Expeditionen zur Durchquerung der Antarktis vor. Um geeignete Kandidaten für seine Mannschaft zu finden, gab er die folgende Zeitungsannonce auf:

Männer für gefährliche Reise gesucht. Geringer Lohn, bittere Kälte, viele Stunden in völliger Dunkelheit. Sichere Heimkehr fraglich. Ehre und Anerkennung im Fall des Erfolgs.

Was meinen Sie: Hatten die Männer, die sich auf diese Anzeige meldeten, Angst? Natürlich hatten sie Angst. Sie waren keine Idioten. Sie wussten, dass er keinen Scherz machte, als er »Sichere Heimkehr fraglich.« schrieb. Aber ihre Abenteuerlust war größer als ihre Angst. Ich bin sicher, dass alle, die sich auf die Annonce meldeten, dasselbe dachten und dieselben Worte zu sich sagten, die mein Vater an jenem Tag ausgesprochen hatte:

Wir tun es.

Lernen Sie, Ihrem Gespür zu gehorchen

Wie wird man also ein Mensch, der klare Entscheidungen fällen kann? Wie entwickelt man dieses Shackleton-Gen?

Zunächst einmal muss man *lernen, seinem Gespür zu vertrauen.*

In der vergangenen Woche saß ich in einer geschäftlichen Besprechung jemandem gegenüber, der eine wichtige Entscheidung fällen musste. Er hielt inne und sah auf, so als würde er darüber nachdenken – und ich wusste, dass er sich falsch entscheiden würde. Warum? Weil man eine Entscheidung nicht fällt, wenn man sie überdenkt. Nachzudenken bedeutet einfach nur nachzudenken. Er wusste seit einiger Zeit, dass diese Entscheidung auf ihn zukam. Zweifellos hatte er bereits alle Optionen und Erwägungen durchgespielt, bevor diese Sitzung begann. Die Zeit zum Nachdenken war vorüber. Der Zeitpunkt der Entscheidung war gekommen – aber er schlug sich immer noch damit herum. Und Entscheidungen werden nicht im Kopf gefällt. Sie werden im Bauch gefällt.

Werden wir uns immer richtig entscheiden, wenn wir unserem Gespür folgen? Nein. Aber ich glaube, dass wir uns in sehr viel größere Schwierigkeiten bringen, wenn wir unserem Gespür *nicht* vertrauen.

Als ich aus dem Militärdienst ausschied, steckte ich meine gesamten Ersparnisse in eine Geschäftsidee namens Wind Zero. Es war ein fantastisches Vorhaben: eine Trainingsanlage für Militärpersonal und Angehörige der Sicherheitsdienste in der südkalifornischen Wüste. Ich hatte Marktforschung betrieben und festgestellt, dass in dieser Region ein verlässlicher Anbieter gebraucht wurde. Die Anlage sollte Schießstände, Strecken für offensives und defensives Fahrtraining im Gelände, Gebäude für das Üben von Häuserkampf, Aufstandsbekämpfung, Geiselbefreiung und andere gefährliche Situationen umfassen. Dazu kamen zwei Hubschrauberlandeplätze und eine Landebahn. Wir planten sogar eine Grand-Prix-Rennstrecke, da die Nachfrage nach Aussage von Autorennclubs groß sein würde. Die Gesamtkosten sollten bei etwa 100 Millionen Dollar liegen.

Die Entscheidung war gefallen. Leinen los! Ich fand ein geeignetes Grundstück, kaufte es und sammelte ein paar Millionen Dollar Startkapital ein – zu meinen eigenen Ersparnissen kam Geld von Freunden, ehemaligen Kameraden in den Spezialeinheiten und Familienmitgliedern.

Das Projekt endete mit einem katastrophalen Fehlschlag. Hätte ein Leichenbeschauer die Todesursache untersucht, so hätte er vermutlich ein »Systemversagen infolge anhaltender Attacken von Pathogenen« attestiert. Das Pathogen war in diesem Fall ein langwieriger Prozess wegen Besitzstörung, den der örtliche Sierra Club gegen meine Anlage angestrengt hatte. Aber wie in den meisten Fällen erzählte die abschließende Diagnose auch hier nicht die ganze Geschichte. Dass wir durch diesen externen Angriff verwundbar waren, lag an einer inneren Schwäche. Unser Immunsystem war angegriffen: Ich hatte einige Partner an Bord geholt, die das Projekt von innen heraus zerstörten; die Klage des benachbarten Clubs war nicht mehr als eine Fieberattacke, die dem geschwächten Organismus den Rest gab. Das eigentliche Problem waren die Geschäftspartner, die ich mir gesucht hatte. Ich hatte den falschen Leuten Anteile und Einfluss auf die Entscheidungen zugestanden – sie waren zweifellos gute Leute, die jedoch nicht zu dem Projekt passten.

Und das Schlimmste war, dass ich das *spürte.* Aber ich hörte nicht auf mein Gespür.

Hier wird auch vom »Bauchgefühl« gesprochen, weil dieses Gespür tief in unserem Inneren angesiedelt ist und weil diese innere Stimme nicht immer leicht zu hören ist. Wie kann man lernen, auf sie zu hören? Genauso, wie man alles andere lernt: durch Übung.

Manche Menschen scheinen sich von Natur aus besser darauf zu verstehen als andere; solchen Leuten attestieren wir oft eine »gute Intuition«. Aber ich habe da meine Zweifel: Haben sie wirklich eine bessere Intuition oder achten sie einfach mehr auf ihr Gespür und lassen sich weniger von ihren Gedanken beherrschen? Ich bin überzeugt, dass jeder Mensch von Natur aus genug Intuition besitzt. Manche folgen ihrer Intuition nur nicht. Sie ist verkümmert wie ein Muskel, der nach einer Verletzung lange untätig blieb.

Sie können Ihre Intuition nur entwickeln, indem Sie sie trainieren. Das bedeutet, dass Sie ein paar schlechte Entscheidungen fällen müssen. Diese Fehler sind tatsächlich wünschenswert: Nur so können Sie wirklich resolut werden, anstatt einfach nur stur zu sein. Wichtig ist, dass Sie an Ihren falschen Entscheidungen festhalten und sie in die Tat umsetzen – wenn Sie es nicht tun, werden Sie nie sehen, wozu sie führen. Anschließend müssen Sie die Ergebnisse sorgfältig prüfen und sich genau ansehen, wo Sie Ihrem Gefühl gefolgt sind und wo nicht und welche Auswirkungen diese intuitiven Reaktionen gehabt haben.

Seit jenem geschäftlichen Fehlschlag habe ich es viele Male versäumt, meinem Gespür zu folgen, obwohl die Folgen zum Glück nie ähnlich gravierend waren. Ich habe Mitarbeiter eingestellt, obwohl mir mein Gefühl sagte, dass ich es nicht tun sollte: Ich ließ mich von der Einschätzung anderer überzeugen, nur um diese Mitarbeiter später zu entlassen, nachdem sie beträchtlichen Schaden angerichtet hatten. Ich habe Fehlinvestitionen gemacht, ich bin geschäftliche Partnerschaften eingegangen, die nicht funktionierten, ich habe in persönlichen Beziehungen falsche Entscheidungen gefällt. Keine dieser Situationen war leicht zu bewältigen, aber sie lehrten mich, besser auf diese leise innere Stimme zu hören.

Eine meiner bevorzugten Empfehlungen stammt von General George Patton: »Ein guter Plan, der sofort entschlossen umgesetzt wird, ist besser als ein perfekter Plan, der nächste Woche umgesetzt wird.« General Patton vertraute auf sein Gespür, und es stimmt: Sein intuitives Vorgehen brachte ihn mehr als einmal in Schwierigkeiten. Aber sein Gespür sicherte ihm auch viele wichtige Siege.

Halten Sie Ihr Ego in Schach

Als ich in den Trümmern von Wind Zero stand, wurde mir ein schwerer Fehler in meinem Entscheidungsprozess bewusst: Ich hatte mich von meinem Ego leiten lassen.

Das passiert schockierend leicht. Denn das Ego ist eigentlich nichts Schlechtes. Ein starkes Ego ist gesund. Alle Menschen, die jemals etwas Großes geleistet haben, von George Washington bis zu Steve Jobs, hatten ein übergroßes Ego, und das gilt sogar für selbstlose Menschen wie Schweitzer, Gandhi und Mutter Teresa. (Selbstlosigkeit und ein großes Ego schließen einander nicht aus.) Nicht das große Ego ist das Problem. Problematisch wird es, wenn man sich von diesem Ego leiten lässt.

Wenn Sie lernen wollen, resolute Entscheidungen zu fällen, die Ihr Leben zum Besseren verändern können, müssen Sie nicht nur Ihrer Intuition vertrauen lernen, sondern auch *misstrauisch gegenüber Ihrem Ego* sein. Denn Ihr Ego lässt sich von Emotionen leiten, und die Emotionen sind bekanntlich nicht vertrauenswürdig. Es gibt einen großen Unterschied zwischen der Intuition und emotionalen Empfindungen in Bezug auf eine Entscheidung. Die Erfahrung lehrt uns, zwischen Intuition und Emotion zu unterscheiden.

Nachdem ich die Trümmer meines gescheiterten ersten Unternehmens eingesammelt hatte, nahm ich im Jahr 2012 ein anderes geschäftliches Vorhaben in Angriff, einen Blog namens SOFREP.com, in dem ich Nachrichten und Informationen anbot, die für die Mitglieder von Spezialeinheiten von Interesse waren. Innerhalb weniger Jahre verwandelte sich diese Website in ein millionenschweres Medienunternehmen namens Hurricane, das ein halbes Dutzend Websites betreibt, eine erfolgreiche Radioserie produziert, einen Verlagszweig hat und in weiteren Bereichen tätig ist. Im Jahr 2014 bot mir ein großer Medienkonzern 15 Millionen Dollar für mein Unternehmen an.

Dieses Übernahmeangebot war eine große Bestätigung für mich, nachdem mein Selbstvertrauen sehr unter dem Fehlschlag mit Wind Zero gelitten hatte. Ich hatte dieses Unternehmen innerhalb weniger Jahre aus dem Nichts aufgebaut, und jetzt war ein Branchenschwergewicht bereit, mir mehr Geld dafür zu bezahlen, als ich mir je erträumt hätte. Es war ein wunderbares Gefühl und ein großer Schritt in meiner Karriere, und auch in der Brieftasche würde es sich sehr gut anfühlen. Diese Leute hatten 15 Millionen gute Gründe dafür auf den Tisch gelegt, ja zu sagen.

Nur hatte ich kein gutes Gefühl dabei.

Mein Ego sagte ja. Meine Intuition sagte nein.

Also lehnte ich ab.

Wenige Jahre später wurde dasselbe Unternehmen in einer feindlichen Übernahme von einer Gruppe russischer Investoren geschluckt. Der Betrieb wurde auf den Kopf gestellt, und die besten Köpfe verließen das Unternehmen. Hätte ich das Angebot angenommen und wären wir Teil dieses Unternehmens geworden, so hätte die Geschichte mit einer Katastrophe geendet. Wir waren nicht einfach einer Kugel ausgewichen: Wir waren einer Zwei-Tonnen-Bombe ausgewichten. Ein Dank an die Intuition.

Ich möchte Ihnen folgende Frage stellen: Sollte man angesichts einer schwierigen Entscheidung eher auf den Verstand oder auf die Emotion hören? Nun, das ist eine Fangfrage. Die richtige Antwort ist: Weder noch. Emotionale Neigung und rationale Argumente können beide unglaublich wirkungsvoll sein – und sie können beide die Stimme der Intuition übertönen, wenn man nicht aufmerksam darauf lauscht.

Wann immer Sie vor einer wichtigen Entscheidung stehen, müssen Sie üben, die verwickelten Stränge von Logik und Emotion zu entwirren. Ein Aspekt der Situation, der starke positive oder negative Gefühle weckt, kann Sie leicht in eine bestimmte Richtung lenken, wobei Sie diese Gefühle mit Ihrer Intuition verwechseln und anschließend die Logik anwenden, um die Entscheidung zu rechtfertigen, der Sie unbewusst bereits folgen. So geraten Sie in ein Entscheidungsminenfeld.

Heute Morgen sprach ich mit einem Investmentbanker, der mit meinem Unternehmen arbeiten und Kapital für uns beschaffen möchte. Seiner Meinung nach sind die Voraussetzungen erfüllt, und er sieht überall positive Signale. Aber meine Intuition sagt mir, dass etwas nicht stimmt. Ich weiß nicht, woran es liegt, ich kann es nicht benennen, aber etwas stimmt nicht. Ich kann es nicht genau erklären, aber der Zweifel ist da.

Ich lehnte das Angebot ab.

Lassen Sie sich Zeit

Mir ist klar, dass dieser Ratschlag auf den ersten Blick dem gesunden Menschenverstand widerspricht. Das ist sicher nicht, was man von einem forschen früheren Navy SEAL erwarten würde. Aber Entschlussfreudigkeit ist nicht dasselbe wie Starrköpfigkeit. Unbedachte Entscheidungen sind kein Zeichen von Stärke oder Selbstvertrauen, sondern von Schwäche. Man braucht einen starken Charakter, um abwarten zu können – manchmal einen *sehr* starken Charakter.

Gute Entscheidungen erfordern Klugheit, und Klugheit kann man nicht mit der Stoppuhr messen.

Sie müssen in der Lage sein, entschlossen zu handeln. Aber dabei muss Platz für eine umsichtige Analyse sein. Lassen Sie sich nicht dazu hinreißen, wichtige Entscheidungen zu rasch zu fällen. Man kann leicht so sehr in seiner Geschäftigkeit aufgehen, dass man keine Zeit findet, durchzuatmen, zu überlegen, sich vom Gewirr der alltäglichen Details zu lösen und auf das große Bild zu konzentrieren. Je größer der Einfluss der Technologie auf unser Leben wird, desto wichtiger ist es, uns Zeit zu nehmen, abzuschalten und das Tempo zu drosseln. Nur so können wir unsere Intuition pflegen und nähren.

Nachdem ich das BUD/S-Training überstanden hatte, wurde ich einem Zug des SEAL-Teams Drei zugeteilt, wo ich eine intensive weiterführende Ausbildung durchlief, die anderthalb Jahre dauerte. Am Ende dieses Prozesses wurden wir zur Vorbereitung auf die Entsendung in den Persischen Golf auf die etwa 130 Kilometer von der kalifornischen Küste entfernte Insel San Clemente verlegt, wo wir in der Final Training Exercise (FTX) den letzten Schliff vor dem Einsatz erhielten.

Das Kommando übte beträchtlichen Druck auf uns aus, damit wir bis in die Nacht hart arbeiteten und gut vorbereitet in die FTX-Prüfung gingen. Die Reaktion unseres Zugkommandeurs Dan Goulart überraschte und beeindruckte mich:

> »Kommt nicht in Frage! Sie werden uns nicht dazu zwingen, aufgrund von Schlafmangel falsche Entscheidungen zu fällen. Meine Männer werden ein bisschen Schlaf bekommen und die Mission gut ausgeruht in Angriff nehmen. Denn der Schlaf ist eine Waffe.«

Der Schlaf ist eine Waffe. Das vergaß ich nie.

Unter dem Druck des hektischen Geschäftslebens in einer Stadt wie New York sind viele Leute stolz darauf, unter Schlafmangel und Erschöpfung zu leiden. Übermüdung ist fast so etwas wie ein Ehrenabzeichen. Einige meiner Freunde brüsten sich damit, sieben Tage in der Woche zu arbeiten, teilweise rund um die Uhr. Tatsächlich gibt es Situationen, in denen ein solcher Arbeitseinsatz angebracht ist, weil man etwas Bedeutendes erreichen will und unter großem Zeitdruck steht. Aber man kann nicht auf Dauer so arbeiten. Sie können es nicht zu Ihrem normalen Modus operandi machen, die Kerze an beiden Enden anzuzünden, denn das wird Ihre Kräfte aufzehren und Sie der Fähigkeit zum klaren Denken berauben. Die Folge werden schlechte Entscheidungen sein.

Wenn man im BUD/S-Training durch die »Höllenwoche« geht, stellt man fest, dass man tatsächlich sechs Tage und Nächte wachbleiben kann, wenn es nicht anders geht. Aber wenn man das nicht tun muss, ist man sehr viel leistungsfähiger.

Ich stelle immer wieder überrascht fest, dass viele meiner Kollegen nicht gut gealtert sind. Einige von ihnen sehen zehn Jahre älter aus, als sie sind! Ich sehe das überall – in den Medien, im Investmentbanking, im Finanzsektor, in verschiedensten Wirtschaftszweigen: Die Leute jonglieren mit Stunden und Minuten und versuchen unentwegt, mehr aus sich herauszuholen. *Wie kann ich härter arbeiten, weniger schlafen, Zeit sparen, mir einen Vorsprung verschaffen?* Letzten Endes gelingt es ihnen nie, sich auf diese Art einen Vorsprung zu verschaffen, sondern der Stress bringt sie lediglich um.

Eine meiner wertvollsten Geheimwaffen im Geschäftsleben besteht darin, gut für mich zu sorgen. Ich ernähre mich gesund, ich lasse mich einmal in der Woche massieren, ich meditiere. Seit einigen Jahren gebe ich mir große Mühe, regelmäßig vollkommen abzuschalten und mir Zeit zum Nachdenken zu nehmen. Mein Terminkalender ist immer zum Platzen voll, und trotzdem halte ich manchmal während des Tages inne, schalte ab und setze mich für eine Stunde mit einem Buch hin. Die so gewonnene Klarheit und Distanz hilft mir, immer auf der Höhe zu sein und bessere Entscheidungen zu fällen.

Um kluge Entscheidungen fällen zu können, müssen Sie fit, gesund und ausgeruht sein. Es gibt keinen anderen Weg, keine Abkürzungen und keine Entscheidungs-»Hacks«.

Bleiben Sie stehen und fragen Sie nach dem Weg

Ja, es ist ein Klischee, aber wie die meisten Klischees enthält auch dieses ein Körnchen Wahrheit: Männer haben eine Abneigung dagegen, nach dem Weg zu fragen. Warum? Ich habe keine Ahnung. In meinen Augen ist dies der höchste Ausdruck der Arroganz. Wie kann man ein Zeichen der Schwäche darin sehen, die Erfahrung anderer zu nutzen und den Rat von Menschen einzuholen, die etwas wissen, was man selbst nicht weiß?

Ich verlor einmal beinahe das Leben, weil ich nicht stehen blieb, um nach dem Weg zu fragen.

Anfang des Jahres 2005 lebte ich in San Diego, wo ich im SEAL-Scharfschützenprogramm arbeitete. Nebenbei nahm ich Flugstunden, um den Pilotenschein zu erwerben. Ich hatte gerade mein erstes Flugzeug gekauft, eine kleine Cessna 172, und kam auf eine brillante Idee: Ich wollte das Flugzeug, das ich einem Mann in Illinois abgekauft hatte, gemeinsam mit meinem Busenfreund Glen Doherty abholen. Glen war ebenfalls ein SEAL und hatte gerade seinen Pilotenschein gemacht. Perfekt!

Also brachen wir nach Illinois auf und holten das Flugzeug ab. Als wir die Rückreise antreten wollten, war es bereits dunkel. Es regnete und eine Sturmfront nahte, aber wir ließen uns vom schlechten Wetter nicht abschrecken – schließlich hatten wir Instrumente. Ich glaubte, dass wir es in dieser Nacht noch bis nach Oklahoma schaffen könnten; den Rest der Strecke wollten wir am folgenden Tag fliegen.

Als wir uns anschickten, die Pilotenlounge zu verlassen und in die Maschine zu steigen, trat ein alter Pilot an uns heran und fragte: »Ihr beiden habt Bills alte Cessna gekauft?« Als wir bejahten, sagte er: »Haltet ihr es wirklich für eine gute Idee, mit dieser Maschine nachts zu fliegen?«

Das war alles, was wir hatten hören müssen. Wir sahen einander an und dachten beide: *Mann, er hat recht. Wie sind wir bloß auf diese Idee gekommen? Es ist Februar, draußen stürmt es, und wir sind sterblich.*

Wir suchten uns ein Hotel, schliefen ein paar Stunden und reichten am Morgen einen Flugplan ein. Doch bei Tageslicht war es auch nicht besser: Kaum waren wir in der Luft, da stellten wir fest, dass die Wolken so dicht waren, dass wir überhaupt nichts sehen konnte. Aber das schien uns nicht allzu problematisch: Wir hatten Navigationsinstrumente, und wir konnten mit der Flugsicherung kommunizieren. Zumindest so lange, bis die Funkverbindung abbrach. Wir waren noch nicht lange in der Luft, als ich feststellte, dass unser Funkgerät nicht funktionierte. Wir konnten den Tower hören, aber die Fluglotsen hörten uns nicht. Wir konnten nicht senden. Dann entdeckten wir, dass die Gleitpfadanzeige, die bei der Landung den Anflugwinkel anzeigt, ebenfalls nicht funktionierte. Und auf den Flügeln bildete sich Eis.

Wir sahen einander an und lachten. »Na ja«, sagte Glen, »wenigstens haben wir einander.« Es ist gut, sich seinen Sinn für Humor zu bewahren, wenn am Horizont der Tod auf dich wartet.

Mithilfe eines Handfunkgeräts gelang es uns, auch ohne Gleitpfadanzeige in Tulsa in Oklahoma zu landen. Es war ein ähnlich anspruchsvoller Test für unsere Stressresistenz wie der Versuch, einen beschädigten Seahawk-Hubschrauber nachts auf dem Deck eines Zerstörers zu landen. Glen setzte die Maschine auf der Landebahn auf, brachte sie zum Stehen, und wir atmeten tief durch. »Das war ein bisschen gewagt«, sagte Glen.

Wie wäre die Sache ausgegangen, hätte uns jener alte Pilot nicht eine einfache Frage gestellt? Was, wenn Glen und ich seinen Rat ignoriert und einen Nachtflug gewagt hätten, anstatt bis zum Morgen zu warten? Wie groß wäre die Wahrscheinlichkeit gewesen, dass die Sache in die Hose gegangen wäre?

Kühne Entscheidungen zu fällen, bedeutet nicht, dass man das Gebot der Vorsicht vollkommen ignorieren muss. Eine feine Linie trennt den Wagemut von der Tollkühnheit. Man könnte meinen, dass es sich um ähnliche Eigenschaften handelt, aber sie sind gegensätzlich. Tollkühn zu handeln, bedeutet zu bluffen und etwas vorzutäuschen. Das ist nicht wagemutig, sondern einfach nur dumm. Wirklich wagemutige Menschen schlagen Warnungen nie in den Wind, sondern wappnen sich immer mit Vorsicht, um ihre Entscheidungen im vollen Bewusstsein nicht nur der Gefahren, sondern auch ihrer eigenen Fähigkeiten und Grenzen zu fällen.

Umgeben Sie sich mit Weisheit

Wie können Sie also wissen, ob sie wagemutig oder einfach nur dumm sind? Die Wahrheit ist, dass Sie das leider manchmal nicht wissen können. Deshalb müssen Sie sich mit Personen umgeben, die mehr von Ihrem Geschäft oder Ihrem Vorhaben verstehen als Sie. Das schließt Personen ein, die das *Leben* besser kennen als Sie – und glauben Sie mir, es gibt viele Menschen, die dieses Kriterium erfüllen. Wenn Sie das begreifen, haben Sie bereits einen großen Schritt in die richtige Richtung getan.

Wie ich Ihnen bereits erzählt habe, endete mein erstes geschäftliches Vorhaben in einer Katastrophe. Das lag teilweise daran, dass ich nicht auf meine Intuition hörte. Ein weiterer wichtiger Grund für mein Scheitern war meine Unerfahrenheit. Ich habe aus beiden Fehlern gelernt. Mein zweites Unternehmen ist erfolgreich. Seit ich jenes 15-Millionen-Dollar-Angebot abgelehnt habe, ist es ununterbrochen gewachsen und wird mittlerweile auf den zehnfachen Wert geschätzt. Diesen Erfolg führe ich in erster Linie auf die Tatsache zurück, dass ich große Mühe darauf verwendet habe, Beziehungen zu Menschen zu knüpfen, die in verschiedenen Bereichen größere Erfahrung als ich besitzen.

Wenn sie sprechen, höre ich zu.

Das ist nicht immer einfach, und oft ist es nicht angenehm. Wenn ich mich mit meinem Freund Nick Ganju zusammensetze, einem der Gründer von Zocdoc, einem Online-Buchungssystem für Arzttermine, weiß ich, dass ich aufpassen muss, was ich sage, weil er mir jede unbedachte Aussage sofort unter die Nase reiben wird. Nick ist verdammt schlau und nimmt kein Blatt vor den Mund; er sagt schonungslos, was er denkt, ohne Rücksicht auf die Gefühle seiner Gesprächspartner zu nehmen. Wenn er zu einem Abendessen eingeladen ist und den Eindruck gewinnt, dass sich der Gastgeber dumm verhält, wird er es unverblümt sagen. Manche Leute finden sein Verhalten sehr unangenehm, aber ich mag ihn sehr. In seiner Gegenwart muss ich mich konzentrieren, und das gefällt mir. Im Gespräch mit Nick muss ich meine Gedanken ordnen. Ich kann nicht einfach drauflos reden und Denkfehler mit forschem Auftreten übertünchen.

Als ich im Jahr 2012 Hurricane gründete, lebte ich in Lake Tahoe in Nevada. Bald wurde mir klar, dass ich nach New York gehen musste, wenn ich ein Medienunternehmen aufbauen wollte. Also packte ich Anfang 2015 meine Sachen zusammen und brach auf. In New York bewarb ich mich um Aufnahme in ein Geschäftsnetzwerk namens Entrepreneurs' Organization (EO), um mich mit Leuten zu umgeben, die sich im Geschäftsleben auskannten und von denen ich lernen konnte. Ich lernte dort Leute wie Solomon Choi, den Gründer des Restaurants 16 Handles, Ryan Zagata von der Fahrradmarke Brooklyn Bicycle Company und Curtis Thornhill von Apt Marketing kennen. Diese Personen haben mir nicht nur geholfen, mich zu verbessern, sondern sie haben mich auch vor einigen dummen Fehlern bewahrt.

Der Beitritt zu EO war eine der besten geschäftlichen Entscheidungen meines Lebens. Das Netzwerk organisiert ausgezeichnete Veranstaltungen, bei denen vorzügliche Redner auftreten. Besonders wertvoll für mich ist jedoch die Teilnahme an einem seiner Foren: Einmal im Monat treffen sich sieben bis acht Unternehmensgründer, um einander über ihre Tätigkeit und ihre Fortschritte zu berichten. Das ist Peer Coaching in Reinkultur.

Mein berufliches Netzwerk wuchs, und ich bemühte mich, seine Qualität zu verbessern und mich Personen anzuschließen, die Kompetenzen besaßen, die mir noch fehlten, oder bessere Leistungen brachten als ich. Um mein Ego zu festigen, musste ich mich mit Leuten umgeben, die zu mir aufschauten – aber wenn ich mich weiterentwickeln wollte, musste ich den Kontakt zu Personen suchen, zu denen *ich* aufschauen konnte.

Die Bewältigung der Angst beginnt mit einer Entscheidung. Wenn Sie Ihre Angst und damit Ihr Leben meistern wollen, müssen Sie also zuerst die Entscheidungsfindung meistern. Die beste Strategie, die ich kenne, um das zu bewerkstelligen, besteht darin, *Ihre Umwelt zu heilen*. Entscheiden Sie gezielt, was Sie lesen und aus welchen Medien Sie sich informieren wollen, vor allem aber, mit welchen Menschen Sie Ihre Zeit verbringen wollen.

Mischen Sie die Zutaten der Weisheit. Mit der Zeit werden Ihnen ausgezeichnete Entscheidungen zu einer zweiten Natur werden.

In der Praxis

Der Weg zur Beherrschung der Angst beginnt mit einer Entscheidung, mit einem persönlichen Bekenntnis zum Handeln, selbst wenn Sie nicht wissen, worin diese Handlung bestehen wird oder wie Sie zur Tat schreiten können. Der Mut entspringt einer Entscheidung, nicht umgekehrt. Entschließen Sie sich bewusst, eine Person zu werden, die resolute Entscheidungen fällt. Üben Sie sich in Entschiedenheit. Entscheiden sie sich dazu, Entscheidungen zu fällen.

Lernen Sie, Ihrer Intuition zu gehorchen.

- Üben Sie, Gefühle und Logik voneinander zu trennen. Lauschen Sie auf beide, aber verlassen sie sich weder auf das eine noch auf das andere. Seien Sie misstrauisch gegenüber Ihrem Ego. Vertrauen Sie Ihrer Intuition.
- Nehmen Sie sich Zeit. Lassen Sie sich nicht dazu drängen, wichtige Entscheidungen übereilt zu fällen. Geben Sie sich Zeit, um durchzuatmen und Ihre Weisheit zu erschließen. Wenn nötig, treten Sie einen Schritt zurück und schalten Sie ab. Betrachten Sie diese Ruhepause als Methode, um Ihre Entscheidungskompetenz zu pflegen und zu nähren.
- Haben Sie sich einmal entschieden, so halten Sie Kurs und handeln Sie entschlossen. Stellen Sie Ihr Vorgehen nicht mehr infrage.
- Wenn Sie Ihre Entscheidung in die Tat umgesetzt haben, sollten Sie gründlich prüfen, wie Sie zu der Entscheidung gelangt sind und welches ihre Ergebnisse sind. Was sagte Ihnen Ihr Gespür? Folgten Sie ihm oder nicht? Wie funktionierte das? Ließen Sie sich von Ihren Emotionen mitreißen oder von rationalen Argumenten leiten? Niemand kann vermeiden, hin und wieder falsche Entscheidungen zu fällen, aber Sie können Ihre Fehler nutzen, um ihre Entscheidungskompetenz zu vergrößern und für die Zukunft ihre Fähigkeit zu verbessern, Ihrer Intuition zu gehorchen.

Heilen Sie Ihre Umwelt.

- Machen Sie eine Bestandsaufnahme Ihrer Umwelt: Welche Bücher lesen Sie, welche Medien (einschließlich Massenmedien und Social Media) konsumieren Sie? Sind dies tatsächlich Quellen für wertvolle Informationen? Regen diese Bücher und Medien Sie zum Denken an, fördern sie Ihre Entwicklung?
- Machen Sie eine Bestandsaufnahme der Personen, mit denen Sie Zeit verbringen: Vertiefen diese Menschen Ihr Wissen, festigen sie Ihr Selbstvertrauen, erhöhen sie Ihre Fähigkeiten? Fordern diese Personen Sie? Umgeben Sie sich mit herausragenden Kenntnissen, mit Wissen und Weisheit?
- Suchen Sie den Rat von Personen, die in Bereichen, in denen Sie sich weiterentwickeln wollen, mehr Erfahrung als Sie besitzen, und orientieren Sie sich an Menschen, die allgemein mehr Lebenserfahrung als Sie haben. Bauen Sie einen Kreis von Kollegen, Mentoren und Ratgebern auf, die Sie anspornen werden, sich zu verbessern.

2

ÜBUNG

»Ein Leben lang trainieren, um zehn Sekunden zu laufen.«

Jesse Owens, viermaliger Goldmedaillengewinner, über die Olympischen Spiele

An einem Abend im April 2009 saß ich in einem winzigen Aufnahmestudio in San Diego und starrte in eine Fernsehkamera. Wenige Tage zuvor hatte ein aus drei Scharfschützen bestehendes Kommando der Navy SEALs Kapitän Richard Phillips aus der Gewalt somalischer Piraten befreit, die sein Schiff *Maersk Alabama* gekapert hatten. Da ich an der Gestaltung der Ausbildung beteiligt gewesen war, die diese Scharfschützen durchlaufen hatten, wollte CNN mich für die Sendung *AC-360* interviewen. Ich hatte furchtbare Angst davor, in der Öffentlichkeit zu sprechen. Ich war nie zuvor live im Fernsehen aufgetreten, und jetzt würden mir drei Millionen Menschen zusehen.

Wenn ich mir heute die Aufnahmen aus dem Jahr 2009 ansehe, muss ich lachen. Wie steif und verkrampft ich war! Es lief eigentlich gut, aber wenn man genau hinsieht, kann man das Entsetzen in meinen Augen sehen. Aber ich hatte einen Vorteil. Ich hatte für den Auftritt trainiert.

Leute, die regelmäßig solche Auftritte absolvieren, haben normalerweise ein umfangreiches Medientraining hinter sich, in dem sie auf Live-Auftritte im Fernsehen vorbereitet wurden. Ich hatte keine solche Vorbereitung erhalten, aber nach meiner Heimkehr aus Afghanistan im Jahr 2002 hatte ich bei der Navy eine vierwöchige Ausbilderschulung durchlaufen. Es war eine bedeutsame Erfahrung. Sie brachten uns nicht nur bei, uns vor eine Gruppe zu stellen und diese zu unterrichten, sondern sie nahmen uns auf Video auf. Anschließend mussten wir uns wieder und wieder ansehen, was wir richtig und falsch gemacht hatten. Vor allem das, was wir falsch gemacht hatten.

Die Angst vor dem Sprechen in der Öffentlichkeit ist ein verwirrendes Phänomen. Wovor haben wir so große Angst? Diese Angst ist ganz anders als Flugangst oder Höhenangst. Ein Flugzeugabsturz und sogar ein Sturz aus einer relativ geringen Höhe kann leicht tödlich enden. Was ist das Schlimmste, das uns passieren kann, wenn wir auf einer Bühne stehen und zu einem Publikum sprechen? Wir können uns vor anderen Leuten zum Narren machen, sonst nichts.

In jenem Kurs machten wir uns vor anderen Leuten zum Narren, und zwar gründlich.

Die Aufnahmen von unseren ersten Auftritten waren mehr als peinlich. Sie waren entsetzlich. Wir sagten »äh« und »na ja« und »eigentlich«. Wir sagten es tausendmal, zehntausendmal. Wir blieben an Worten hängen, wir sprachen in Sätzen, die keine waren, wir kratzten uns im Schritt, bohrten in der Nase und sahen aus wie die dümmsten Menschen auf Erden.

Aber der Grund dafür, dass wir uns die Aufnahmen wieder und wieder ansehen mussten, war nicht, dass sie uns zeigen wollten, wie schlecht wir es machten. Es ging um etwas anderes: Auf diese Art gewöhnten wir uns in kleinen, in winzigen Schritten an Auftritte in der Öffentlichkeit. Die Methode ähnelte jener, die ich anwandte, als ich Kamal dazu brachte, seinen Kopf ins Wasser zu stecken und auszuatmen. Das Training schob die Grenzen unserer Komfortzone hinaus. War ich nervös, als ich mich bei CNN live mit Christiane Amanpour vor drei Millionen Zuschauern unterhielt? Natürlich war ich nervös, furchtbar nervös. Aber ich war vorbereitet. Ich hatte so viel geübt, dass mich die Angst nicht lähmen konnte.

Stattdessen schärfte sie meinen Verstand.

Das ist die Macht der Übung.

Vermutlich haben Sie den Spruch schon oft gehört: »Übung macht den Meister.« Leider ist das nicht richtig. Es ist sogar vollkommen falsch. Es ist wichtig, das zu wissen, denn ab dem Augenblick, in dem Sie den Scheck unterschreiben, Ihren Job kündigen, das Haus kaufen, vor den Altar treten oder irgendeinen Schritt tun, mit dem Sie sich verpflichten, in eine bestimmte Richtung zu gehen, werden die Dinge *nicht* nach Plan laufen. Wenn Sie glauben, dass Übung den Meister macht, werden Sie eine böse Überraschung erleben, sobald Sie zur Tat schreiten und feststellen, dass weit und breit nichts von einer meisterhaften Beherrschung der Situation zu sehen ist.

Ein anderes geflügeltes Wort kommt der Wahrheit sehr viel näher: »Kein Plan überlebt die erste Feindberührung.« Ich mag auch Mike Tysons Version: »Jeder hat einen Plan, bis er einen Schlag ins Gesicht bekommt.« Kein Training kann uns auf die Realität des Kriegs vorbereiten, keine Simulation kann uns auf die Situationen vorbereiten, mit denen wir konfrontiert werden, wenn wir ein eigenes Unternehmen gründen. Und so oft wir einen Auftritt auch proben, kann uns nichts vor der Angst bewahren, die uns eiskalt über den Rücken laufen wird, sobald wir auf die Bühne hinausgehen, ans Mikrofon treten oder in die Kamera schauen. Gleichgültig wovor Sie Angst haben: Wenn der Zeitpunkt für den Sprung von der Klippe gekommen ist, springen Sie trotz aller Übung über eine Klippe – und Sie werden in dieser Situation Angst haben. Kein Training kann das verhindern.

Aber das Training kann Sie in die Lage versetzen, die elektrische Ladung zu nutzen, die dieser Augenblick des Schreckens freisetzt.

Übung macht nicht den Meister. Sie erzeugt *Kompetenz*. Und das kann entscheidend sein. Kompetenz stärkt das Selbstvertrauen. Keine falsche Selbstgewissheit, sondern jene stille innere Gewissheit, dass man fähig ist, es zu schaffen.

Als unser Hubschrauber in den Indischen Ozean tauchte, rettete uns nicht nur die Geistesgegenwart unseres Kopiloten. Seine Kompetenz gab den Ausschlag. Beide Elemente waren unverzichtbar. Die Tatsache, dass er die Nerven nicht verlor, dass er in diesem Augenblick seine Angst meisterte, anstatt sich von ihr überwältigen zu lassen, verschaffte ihm jenes kleine bisschen Zeit, in dem er reagieren konnte – und in diesem Augenblick machte sich sein Training bezahlt. Alle Geistesgegenwart der Welt, die unanfechtbare Gelassenheit eines Humphrey Bogart in Kombination mit dem Gleichmut eines Zen-Mönches hätte uns nicht geholfen, wenn er nicht durch ein monatelanges Training auf solche Situationen vorbereitet worden wäre.

Übung verhindert Angst nicht, aber sie sorgt dafür, dass wir im Augenblick der größten Belastung die richtigen Werkzeuge zur Hand haben, um die Angst zu unserem Vorteil zu nutzen. Ausreichende Übung gibt uns eine funktionale Alternative zur Panik.

Meistern Sie es zuerst im Kopf

Im Kapitel »Der Wegweiser Angst« habe ich das mentale Programm erwähnt, das ich gemeinsam mit meinem SEAL-Kameraden Eric Davis in der Scharfschützenausbildung der Eliteeinheit einführte. Nun möchte ich Ihnen etwas über eine unserer wichtigsten Inspirationsquellen erzählen, einen olympischen Sportschützen namens Lanny Bassham.

Lanny war ein Wunderkind am Gewehr. Als er 1972 im Alter von 25 Jahren an den Olympischen Spielen in München teilnahm, war er bereits der jüngste Weltmeister in seiner Disziplin und ein hoher Favorit auf die Goldmedaille. Doch kurz vor dem Ziel geriet er ins Stocken und musste sich mit der Silbermedaille begnügen. Diese Enttäuschung bewegte ihn dazu, sich auf die Suche nach einer Basis für verlässliche, beständige Spitzenleistungen zu machen.

Zwei Jahre später lernte Lanny einen Marinepiloten namens Jack Fellowes kennen, der über Vietnam abgeschossen worden war und sechs furchtbare Jahre in einem Kriegsgefangenenlager verbracht hatte, wo er die meiste Zeit in einer winzigen Zelle eingesperrt war, in der er sich kaum bewegen konnte. Während der Gefangenschaft beschäftigte er sich damit, dass er im Geist sein Golfspiel verbesserte. Er stellte sich jedes Grün, jeden Abschlag, jeden Putt vor. Als er freigelassen wurde, fuhr Fellowes nach seiner Ankunft in den Vereinigten Staaten schnurstracks zu einem Golfplatz – und spielte auf allen achtzehn Löchern Par. Er hatte nie zuvor so gut gespielt. Seine Erfahrung war nicht einzigartig: Es sind einige Fälle von Kriegsgefangenen dokumentiert, die ihre Energie in mentale Übungen lenkten, und Studien haben gezeigt, dass Personen, die Basketballwürfe und andere sportliche Techniken im Geist üben, ähnlich erstaunliche Ergebnisse erzielen.

Lanny verbrachte die folgenden zwei Jahre damit, fast einhundert olympische Goldmedaillengewinner und Trainer zu befragen, wobei er genau analysierte, was sie taten und wie sie es taten. Im Jahr 1976 nahm er erneut an den Olympischen Spielen teil – und diesmal sicherte er sich die Goldmedaille. Er beherrschte den Sport jahrelang, gewann 22 Weltmeistertitel im Einzel und in der Mannschaft und stellte vier Weltrekorde auf. Und er entwickelte ausgehend von dem, was er gelernt hatte, ein System, das mittlerweile von Trainern und Sportlern in aller Welt verwendet wird.

Als Eric und ich den SEAL-Scharfschützenkurs neu gestalteten, kam uns Lanny besuchen, um seine Erkenntnisse mit uns zu teilen. Seine Methode erwies sich als unglaublich wirksam. Vor Kurzem hat Lanny in New York einen Tag mit mir und meinem Team von Hurricane Media verbracht, denn goldmedaillenreife Leistungen sind in der Wirtschaft ebenso wichtig wie in olympischen Wettkämpfen und auf militärischen Schlachtfeldern.

Lanny lehrte uns, dass wirksame Übungen zum Einstudieren von Abläufen im Kopf beginnen. Und dies ist eines der Geheimnisse von Personen, die ihre Angst vor Auftritten in der Öffentlichkeit bewältigen: Sie sehen sich vor ihrem inneren Auge auf der Bühne, hören das Rascheln der Zuhörer, die auf ihren Stühlen die Position wechseln, und spüren, wie ihre Handflächen feucht werden – all das stellen sie sich so lebhaft vor, dass sie tatsächlich die Angst spüren. Und dann nutzen sie diese Angst, um den (in ihrem Kopf) mitreißendsten Vortrag zu halten, den diese Zuhörer je gehört haben. Sie genießen das Gefühl der Meisterschaft und der Präsenz, das Gefühl der Erfüllung und Befriedigung, das sie durchströmt, wenn sie sehen, dass ihre Gedanken den Geist anderer Menschen erreichen und bereichern. Doch vor allem *führen sie sich selbst Wort für Wort durch ihren Vortrag* und betonen alle Punkte, die sie hervorheben wollen.

Die zuletzt genannte Methode ist entscheidend: Wenn Sie etwas im Geist einstudieren, müssen Sie sich darauf konzentrieren, es *richtig zu machen*. Sie haben recht: Das liegt auf der Hand. In der Praxis sind viele Leute jedoch nachlässig, wenn die Übung »nur« in ihrem Kopf stattfindet. Sie überfliegen den Ablauf nur. Das ist ein großer Fehler. Etwas im Geist zu tun, bedeutet nicht, dass es unwichtig ist, *wie* man es macht. Im Gegenteil: Es ist umso wichtiger. Wenn Sie etwas im Geist beiläufig und oberflächlich durchgehen, trainieren Sie sich darauf, es falsch zu machen. Das Üben im Geist erfordert ebenso große Disziplin wie die greifbare physische Übung – vielleicht sogar mehr.

Natürlich ist diese Methode nicht nur für das Schießtraining oder für das Einstudieren einer Rede geeignet. Sie hilft Ihnen beim Erlernen jeder Fähigkeit. Das gilt auch für Ihre Lebensplanung und dafür, wie sie Ihr Leben führen. Es gilt für alles, was Sie tun, jeden Tag. Dafür, wie Sie sich auf Ihre Geschäftstätigkeit, auf Ihr Verhalten in Beziehungen, auf Ihr Vorgehen in Geldangelegenheiten, auf die Pflege Ihrer Gesundheit und Fitness – auf einfach alles vorbereiten.

Tatsächlich praktizieren Sie bereits mentale Übungen. Jeden Tag, unablässig. Die Frage ist nur, was genau Sie üben.

Hier sind drei Dinge, die Sie tun können, um die Praxis der mentalen Übung auf sämtliche Bereiche Ihres Lebens anzuwenden:

1. **Lauschen Sie.** Verfolgen Sie Ihre Gedanken. Beginnen Sie damit, Ihrem inneren Monolog aufmerksam zu folgen und sich bewusst zu machen, was die Stimme in Ihrem Kopf sagt. (Jeder von uns hat eine solche Stimme.) Wenn Sie allein sind, sollten Sie diese Gedanken nach Möglichkeit laut aussprechen, ohne sie zu filtern oder zu redigieren. Was auch immer da drinnen vorgeht, lassen Sie es heraus. Es dürfte Sie überraschen, was Sie hören werden.

   Wenn Sie bemerken, dass sich Ihre Gedanken im Kreis zu drehen beginnen und negativ werden – wenn sie wieder und wieder zu dieser Ungerechtigkeit, zu dieser Person, die schlecht über Sie geredet hat, zu ihrem unfairen Vorgesetzten, zu diesem Streit mit Ihrem Partner oder Ihrer Partnerin zurückkehren, dann sollten Sie sie einfangen – und innehalten. Denn wenn das geschieht, tun Sie nichts anderes, als das Problem einzustudieren: Sie üben, wie Sie dafür sorgen können, dass etwas schiefläuft. Sie perfektionieren Ihre Fehler. So wie der kleine Bobby am Schlagmal, der in Furcht und Demütigung versinkt, während er die Warnung wiederholt: »Schlag nicht daneben! Was auch immer du tust, verfehle nur den Ball nicht!« So übt er sich nur in der dunklen Kunst des Fehlschlags.

2. **Geben Sie Ihren Gedanken eine andere Richtung.** Wann immer Sie in einen negativen Kreislauf geraten, sollten Sie sich Zeit nehmen, um herauszufinden, was Sie gerne denken würden. So wie man Bobbys Einstellung mit einer positiven Sprache ändern könnte – »Behalte den Ball im Blick, atme ruhig, warte auf einen schönen Ball, der genau über die Platte fliegt.« –, können Sie Ihren Gedanken eine andere Richtung geben und sie nutzen, um im Geist einzustudieren, welche möglichen Entwicklungen Sie sich *wünschen*, anstatt darüber nachzudenken, wovor Sie sich fürchten, oder zu bedauern, was bereits geschehen ist.

3. **Konzentrieren Sie sich.** Es genügt nicht, eine negative Ausrichtung durch eine positive zu ersetzen. Sobald Sie Ihren Gedanken eine positive Richtung gegeben haben, müssen Sie dieses Bild scharfstellen und diese Gedanken klären, damit sie eine unmissverständliche Botschaft aussenden.

   Wenn Ihre Gedanken bruchstückhaft sind, werden sie keine große Wirkung haben, sei es negativ oder positiv. Sie sind wie ein diffuses Licht. Die meisten Menschen gehen mit solchen Gedanken durch den Tag und nehmen jede Aufgabe in Angriff, während sie in einer Schublade in ihrem Kopf in beliebigen Gedanken kramen. Oft sind das vorwiegend negative Gedanken, obwohl auch viele unbestimmt positive darunter sein dürften. Aber es ist keine klare *Intention* zu erkennen. Im Normalfall entsteht in diesem Durcheinander von Gedanken kein klares Bild. Wie kann man unter diesen Bedingungen seinem Handeln eine Richtung geben?

   Sie müssen Ihre Gedanken wie einen Laserstrahl bündeln. Identifizieren Sie die spezifische Abfolge der Ereignisse, Handlungen und Situationen in Ihrem Leben und spielen sie diese Sequenz im Geist so konkret und klar wie irgend möglich durch.

   Sortieren und wiederholen Sie das Ganze.

Der Blick aus dem Cockpit

Wenn ich Freunde zu einem Rundflug über Manhattan einlade, versuche ich sicherzustellen, dass es eine schöne Erfahrung für sie wird. Als Pilot bin ich vollkommen vorbereitet, aber ich möchte auch sicher sein, dass sie als Passagiere vollkommen vorbereitet sind. Der wichtigste Teil der Erfahrung findet also statt, noch bevor die Maschine abhebt. Wir klettern nicht einfach ins Cockpit und heben ab. Wenn mein Gast an meiner Seite Platz genommen hat (die beiden Sitze in meiner RV-6A sind nicht hintereinander, sondern nebeneinander angeordnet), erkläre ich ihm zunächst alles.

»Bevor es losgeht, werde ich dir alles erklären«, sage ich. Ich zeige meinem Passagier, was vor dem Start zu erledigen ist, wie ich die Anzeigen überprüfe und welche Funktion die einzelnen Geräte erfüllen, wie ich die Ausrüstung überprüfe, wie ich per Funk mit dem Kontrollturm spreche. Nachdem ich meine Gäste eingewiesen habe, sagen sie immer: »Jetzt fühle ich mich wohler.« Sie hocken nicht hinten in der Röhre, wo sie sich im Geist alle möglichen furchtbaren Szenarien ausmalen können. Sie sitzen vorne im Cockpit und können genau verfolgen, was geschieht. Im Grunde bekommen sie ihre erste Flugstunde.

Ich nenne das den *Blick aus dem Cockpit*.

Bei den SEALs gab es zwei Sorten von Sanitätern. Die einen erklärten dir genau, was passierte und was sie warum taten. Mein bester Freund Glen gehörte zu dieser Gruppe. Die anderen sagten dir lediglich, du solltest still halten und den Mund halten, während sie dir die Spritze hineinjagten. Streng genommen machten beide Arten von Sanitätern ihre Arbeit, aber die Verwundeten, die von ihnen behandelt wurden, machten sehr unterschiedliche Erfahrungen.

Bei der Umgestaltung unseres Scharfschützentrainings hielten Eric und ich uns an den Grundsatz »Erkläre es zuerst«. Wir führten einen theoretischen Unterricht ein, in dem den angehenden Scharfschützen umfassende Kenntnisse der Ballistik – der physikalischen Grundlagen der Bewegung eines Projektils durch den Raum – vermittelt wurden, bevor wir sie zum Schießstand schickten. Wenn sie zum ersten Mal den Finger an den Abzug legten, wussten sie genau, was passieren würde, wenn sie abdrückten.

Der Blick aus dem Cockpit.

Genau das tat ich auch in der ersten Schwimmstunde mit Kamal. Bevor wir zur Tat schritten, führte ich ihn durch den Prozess des Eintauchens und Ausatmens. Ich erklärte und zeigte ihm, wie die Lungen dem Körper Auftrieb gaben, damit er die physikalischen Zusammenhänge verstand, *bevor* wir mit den eigentlichen Schwimmübungen begannen.

Es heißt, dass Vertrautheit respektlos macht, aber ich habe die Erfahrung gemacht, dass es genau umgekehrt ist. Ein *Mangel* an Vertrautheit macht respektlos, misstrauisch – und ängstlich. Ich werde Ihnen sagen, was Vertrautheit hervorbringt: Kompetenz und Selbstsicherheit. Deshalb ist die Vertrautheit eine Geheimwaffe des Kriegers, ein Gegenmittel gegen die Angst.

Wann immer Sie sich an etwas Neues wagen, vor allem an etwas Beängstigendes oder etwas, das Sie einschüchtert, müssen Sie zuerst das Gesamtbild betrachten. Sie müssen begreifen, was tatsächlich geschehen wird – und Sie werden sehen, dass es ganz anders und nicht annähernd so beängstigend sein wird, wie Sie erwartet hatten.

1. Bleiben Sie in Ihrer Komfortzone

Wir hören oft, um etwas Besonderes zu erreichen, müsse man »seine Komfortzone verlassen«. Das ist Unfug. Es ist ähnlich dumm wie zu sagen: »Tu es einfach.« Wunderbar, aber was ist, wenn man es nicht »einfach tun« kann? Ich stelle mir die Ergebnisse einer Scharfschützenausbildung vor, die sich an diesem Motto orientieren würden: »Hier hast du ein Gewehr. Siehst du das Ziel dort hinten? Also los, tu es einfach.«

Das Problem beim Verlassen der Komfortzone ist, dass diese Strategie der Natur des Problems nicht gerecht wird. Es ist eine Anti-Lösung: »Du hast Angst davor zu springen? Dann musst du Folgendes tun: Hör auf, Angst zu haben.« Es ist fraglich, ob diese Methode wirklich funktionieren wird.

Es widerspricht unserer Natur, unsere Komfortzone zu verlassen, denn diese erfüllt einen Zweck: Sie dient dem Selbstschutz und dem Selbsterhalt. Oft wird der Eindruck vermittelt, die Komfortzone sei etwas Negatives, ein Ausdruck von Schwäche oder Faulheit. Aber das ist vollkommen falsch. Alle Lebewesen brauchen eine Komfortzone. Der menschliche Körper funktioniert am besten bei einer Temperatur von 37 Grad Celsius. Wir sind am leistungsfähigsten, wenn wir etwa acht Stunden Schlaf bekommen. Es dürfte sich vorteilhaft auf die Gesundheit Ihres Organismus auswirken, die Milch in Ihrem Kühlschrank zu trinken, bevor das Verfallsdatum erreicht ist. Würde irgendwer auf die Idee kommen, einen Monat länger zu warten und die Milch erst dann zu trinken, weil sie sich dann nicht mehr in ihrer Komfortzone befindet?

Vielleicht wäre es hilfreich, das Konzept neu zu definieren und einen anderen Begriff zu wählen. Ich schlage den der *Kompetenzzone* vor.

Voraussetzung für effektives Üben ist, dass man die Grenzen der gegenwärtigen Kompetenzzone bestimmt, um sie anschließend durch *Wiederholung und Feinjustierung* zu festigen und zu erweitern.

Ein Beispiel: Nehmen wir an, Sie sind ein Pianist oder Gitarrist und müssen eine schwierige, sehr schnelle Passage einer Partitur einstudieren. Es gibt einen richtigen und einen falschen Weg, um das zu tun. Sie können die Passage wieder und wieder so schnell wie möglich spielen, wobei Sie immer wieder einzelne Noten falsch spielen werden, und darauf hoffen, dass Sie durch unablässige Wiederholung im Lauf der Zeit immer mehr Noten richtig treffen werden. Oder Sie können das Stück so langsam spielen, wie nötig, um jede Note richtig zu treffen, und die Geschwindigkeit im Lauf der Zeit erhöhen.

Sie dürfen raten, welche der beiden Methoden funktioniert.

Indem Sie die Passage langsam spielen, bewegen Sie sich innerhalb Ihrer gegenwärtigen Kompetenzzone. Das ist das richtige Tempo für den Anfang. Indem Sie das Stück in einer rasanten Geschwindigkeit, aber fehlerhaft spielen, lernen Sie lediglich, es fehlerhaft zu spielen. Die Folge wird Frustration sein. Der Grund ist, dass Sie sich weit aus ihrer Kompetenzzone hinauswagen.

Dasselbe gilt für die Montage eines Gewehrs. Man muss die Schritte in einer Geschwindigkeit üben, in der man sie fehlerfrei bewältigen kann. Erst wenn man die ganze Sequenz in dieser Geschwindigkeit vollkommen fehlerfrei ausführen kann, kann man damit beginnen, das Tempo zu erhöhen.

Und es geht nicht nur um Geschwindigkeit. Manchmal geht es um den *Maßstab*. Indem man eine Rede der Reihe nach ein paar Freunden vorträgt, kann man sehr gut die Fehler beseitigen, bevor man vor ein großes Publikum tritt. Ähnlich verhält es sich mit einem zur Veröffentlichung bestimmten Text, den man zuerst in einen Blog stellen sollte, bevor man ihn einem Verleger vorlegt.

Mein Freund Matt Meeker hatte die Idee, eine Monatsration von Belohnungshappen und Spielzeugen für Hunde auf den Markt zu bringen. Es war nur als kleines Nebenprojekt gedacht. Ein Freund spielte den Entwurf für eine Website auf Matts Smartphone, damit Matt sie ein paar Freunden zeigen konnte. Innerhalb weniger Monate hatten sich fast fünfzig Personen bereit erklärt, sich an der Finanzierung des Projekts zu beteiligen. Weder das Unternehmen noch das Produkt existierten, aber Matt hatte seine Idee in kleinem Maßstab ausprobiert – und sie funktionierte. Heute ist Bark & Co. ein Unternehmen mit einem Umsatz von mehr als 100 Millionen Dollar und hat mittlerweile mehr als zehn Millionen BarkBoxes verkauft.

Wenn es in kleinem Maßstab funktioniert, ist die Chance sehr viel größer, dass es auch in großem Maßstab ein Erfolg sein wird – so wie man eine Partitur schnell spielen lernt, indem man sie zuerst in geringerem Tempo richtig einstudiert.

Der Kurs für Reden in der Öffentlichkeit, den ich im Jahr 2002 belegte, wies ein wesentliches Merkmal auf. Der erste Vortrag, der auf Video aufgenommen und anschließend analysiert wurde, war nur fünf Minuten lang. Der Kurs sollte uns darauf vorbereiten, ganze Unterrichtsklassen zu geben, die 45 Minuten, eine Stunde oder noch länger dauern können. Aber wir fingen mit einem fünfminütigen Vortrag an. Warum war er so kurz?

Es ging um die Komfortzone.

Ich habe einen Freund namens Neil Amonson, der als Kampfkontrolleur in der amerikanischen Luftwaffe gedient hat. Mein SEAL-Platoon in Afghanistan arbeitete eng mit den Combat Control Teams (CCT) zusammen, deren Arbeit ich bewunderte. Erinnern Sie sich noch daran, was man sich über Ginger Rogers erzählte? Sie konnte alles, was Fred Astaire tat, nur dass sie es rückwärts und auf Stöckelschuhen konnte? Ähnlich ist es mit den CCT (natürlich ohne die Stöckelschuhe). Sie gehen mit den SEALs und Green Berets ins Gefecht und sind bereit, überall hinzugehen und praktisch alles zu tun. Diese Männer sind in mancher Hinsicht die unbesungenen Helden der Spezialeinheiten.

Im Verlauf seiner zweijährigen CCT-Ausbildung musste Neil so wie jeder SEAL-Anwärter im BUD/S-Training einen Tauchkurs, ein Navigations- und Überlebenstraining an Land absolvieren und Fallschirmabsprünge aus großer Höhe üben. Das Fallschirmspringen veränderte sein Leben. Neil verliebte sich. Nicht in eine andere Person, sondern in das Fliegen. Er gab all seine anderen Hobbys auf und stürzte sich auf das Fallschirmspringen. Mittlerweile macht er es in Vollzeit.

Tatsächlich liebt er alle Aktivitäten am Himmel – Fallschirmspringen, Paragliding, das Steuern von Flugzeugen, was auch immer. Er betätigte sich sogar ein Jahrzehnt lang als Basejumper – das ist die extremste, gefährlichste und beängstigendste aller Extremsportarten. Nachdem bei einem einzigen Unfall im Jahr 2014 drei der besten Basejumper tödlich verunglückt waren, gab Neil diesen Sport auf, aber er verbringt weiterhin so viel Zeit wie möglich in der Luft. »Wenn ich zwei Wochen nicht in der Luft bin«, sagt er, »werde ich ein bisschen reizbar. Ich denke unentwegt, dass ich irgendwelche Sorgen habe, dass es in meinem Leben ein Problem gibt – bis mir plötzlich klar wird, dass ich nur wieder in die Luft muss.«

Vielleicht denken Sie an diesem Punkt: *Sehr schön, aber warum zum Teufel erzählt er mir die Geschichte seines Freundes Neil?* Nun, der Grund ist der Teil der Geschichte, den ich Ihnen noch nicht erzählt habe:

Neil Amonson hat nämlich Höhenangst.

Das ist kein Scherz. Der Mann, der zur Luftwaffe ging, um Kampfkontrolleur zu werden, der sich in das Fallschirmspringen verliebte, der ein Jahrzehnt lang dem Basejumping nachging und der bis zum heutigen Tag am glücklichsten ist, wenn er durch die Luft fliegen kann, hat Angst vor Höhen. Nicht *hatte*, sondern *hat* Angst davor.

Warum in aller Welt lernte er also, aus großer Höhe abzuspringen – und was bewegte ihn dazu, überhaupt zur Luftwaffe zu gehen, ganz zu schweigen davon, Fallschirmspringer und Pilot zu werden?

Neil antwortet mit einem einzigen Wort: »Training.«

Es lag an diesem unvergleichlich gründlichen, systematischen Schritt-für-Schritt-Training, das man nur beim Militär bekommt. Als Neil und seine Kameraden lernten, aus großer Höhe mit dem Fallschirm abzuspringen, übten sie zunächst eine ganze Woche lang in einem Windkanal in North Carolina. Stunde um Stunde, Tag für Tag lernte Neil wenige Meter über dem Boden, sich in der Luft richtig zu halten, so lange, bis er wusste, wie sich das Fallschirmspringen in jedem Teil des Körpers anfühlt. Als er das Training im Windkanal hinter sich hatte, hatte jede seiner Muskelfasern gelernt, wie er seinen Körper im freien Fall beherrschen konnte. Das Einzige, was noch zu tun übrig blieb, war ein Sprung aus einem Flugzeug, um dasselbe in der Atmosphäre zu tun.

»Das gehört zu den Dingen, die mir am Militär wirklich gefallen«, sagt Neil. »Sie bringen dir die meisten Dinge nach dem Prinzip Krabbeln-Gehen-Laufen bei.«

Die Krabbelphase war für Neil die Woche im Windkanal. Die Gehen-Phase entsprach dem Einstudieren der Bewegungen, die er nach dem Absprung aus dem Flugzeug ausführen musste. Und das Laufen? Dasselbe, nur in Kampfausrüstung nachts aus großer Höhe mit einer Sauerstoffmaske, umgeben von anderen Personen und in hoher Geschwindigkeit.

Krabbeln, Gehen, Laufen.

Als Kind weigerte sich Neil, in eine Achterbahn einzusteigen, denn er wusste, dass er das Gefühl des völligen Kontrollverlusts nicht ertragen würde. Aber das Pilotentraining machte ihm überhaupt keine Angst. Er wusste, dass sie ihm beibringen würden, die Maschine zu beherrschen. Er würde die *Kontrolle* erlangen.

Das ist ein weiterer Begriff, der sich sehr gut als Ersatz für »Komfortzone« eignet: Diese ist nicht nur die Kompetenzzone, sondern auch die *Kontrollzone.*

Diese Erfahrung machte Kamal in den ersten Schwimmstunden im Becken des Athletic Club: Er hatte das Gefühl, die Kontrolle zu behalten.

2. Dehnen Sie Ihre Komfortzone aus

Selbstverständlich werden Sie nie etwas erreichen, wenn Sie in Ihrer Komfortzone hocken bleiben. Der Schlüssel zu einer erfolgreichen Übungsstrategie besteht darin, vom Krabbeln zum Gehen und anschließend zum Laufen voranzuschreiten – ohne entlang des Weges Präzision zu opfern.

Kommen wir noch einmal auf das Beispiel des Musikers zurück, der eine schwierige Passage übt. Wie bereits gesagt, muss er das Stück erst langsam üben, so lange, bis jede Note vollkommen sitzt. Dann kann er das Tempo erhöhen – anfangs nur ein bisschen, um im Lauf der Zeit immer schneller zu spielen, bis er das Stück schließlich so schnell wie nur irgend möglich spielen kann ... und dann noch ein bisschen schneller.

Bald bemerkt er, dass er ein paar Noten auslässt und die Passage hier und dort ein wenig unsauber spielt. Kein Problem: Er muss das Tempo nur wieder ein wenig drosseln. Entscheidend ist die Genauigkeit; jede Note muss sitzen. Dann kann er die Geschwindigkeit wieder erhöhen. Er muss die Grenzen seines Könnens hinausschieben – und dann noch ein wenig weiter hinausschieben.

Unser Pianist bewegt sich nicht *außerhalb* der Grenzen seiner Kompetenz, sondern er *vergrößert* seine Kompetenz. Er verlässt seine Komfortzone nicht, sondern vergrößert sie, indem er ihre Grenzen hinausschiebt.

Ich lernte im BUD/S-Kurs, wie das funktioniert, in einem Prozess, den wir scherzhaft als »die Folter« bezeichneten. Natürlich war es keine Folter. Das war lediglich der Begriff, mit dem wir beschrieben, was unsere Ausbilder mit uns machten. In Wahrheit war das, was sie taten, das Gegenteil von Folter. Der Zweck einer wirklichen Folter ist, einen Menschen vollkommen aus seiner Komfortzone herauszuholen und ihm jede Hoffnung zu nehmen, dass er jemals in diese Zone zurückkehren kann – es sei denn, er erfüllt die Forderungen des Folterers. Hingegen besteht der Zweck der Ausbildung in den Spezialeinheiten darin, die Komfortzone zu vergrößern, damit der Soldat große Herausforderungen unter extremen Bedingungen gelassen bewältigen kann.

Die Folter soll einen Menschen brechen. Das Training soll ihn aufbauen, damit ihn nichts brechen kann.

Vermutlich klingt es sonderbar, in Zusammenhang mit dem BUD/S-Training von der »Komfortzone« zu sprechen. Wenn es etwas *Un*komfortables gibt, so ist es BUD/S. Aber sehen wir uns an, was in diesem Training tatsächlich geschieht. Wenn sich die Männer mit einem massiven Balken auf den Schultern durch den Sand schleppen, verschiebt sich einfach ihr Verständnis dessen, was als normal zu betrachten ist. Es erfordert Können, diese Verschiebung zu bewirken: Man muss wissen, wie man jemanden an seine Grenze führen kann, ohne diese zu überschreiten. Die SEAL-Ausbildung ist nicht zuletzt deshalb so wirkungsvoll, weil sich die Ausbilder sehr gut darauf verstehen, zu beobachten und zu beurteilen. Sie verfolgen jeden Schritt ihrer Schützlinge, um festzustellen, wann die Herausforderung zur Überforderung wird. Sie wollen nicht, dass die Soldaten Schaden nehmen, sondern dass sie den Punkt, an dem sie Schaden nehmen, hinausschieben.

Das ist ein Schlüssel zu effektiver Übung: Man muss ein Gespür dafür entwickeln, wie weit man sich pushen kann. Überschreitet man diese Grenze, wird die Übung kontraproduktiv. Kommt man ihr nicht nahe genug, kann man sie nicht hinausschieben.

Mein Freund Curtis Thornhill, der Gründer von Apt Marketing, ist ein Genie auf dem Gebiet der digitalen Vermarktung. Und er ist ein leidenschaftlicher Abenteurer, der außergewöhnliche Reisen unternimmt und Herausforderungen in der Natur sucht. Als ihn im Jahr 2007 ein Freund fragte, ob er nicht Lust habe, den Kilimandscharo zu besteigen, antwortete er: »Klar doch.« Zwei Wochen später saßen die beiden im Flugzeug nach Tansania.

Sein Freund hatte sich für eine der schwierigsten Routen entschieden. Sie brauchten fünf Tage für den Aufstieg. Je näher sie dem Gipfel kamen, desto dünner wurde die Luft und desto tiefer sank die Temperatur. Curtis hatte nicht viel geschlafen, und am vierten Tag gingen ihm die Tabletten zur Wasserreinigung aus. Zur Erschöpfung kam nun auch noch die Dehydrierung. In der vierten Nacht hatte er seine Belastbarkeitsgrenze erreicht. Er konnte nicht einen Schritt weitergehen.

Nur noch einen Schritt, sagte er zu sich selbst. Das ist alles. Einen einzigen.

Er tat diesen einen Schritt.

Dann wiederholte er den Prozess: Er wusste, dass er nicht weitergehen konnte, aber er sagte sich erneut dasselbe: *Nur noch einen Schritt.* Und er tat diesen Schritt.

Und dann noch einen.

Die Einheimischen haben ein Motto für die Besteigung des Kilimandscharo: »pole, pole« (wird »polej, polej« gesprochen), was Suaheli für »langsam, langsam« ist. Und Curtis ging langsam, langsam – jeder Schritt war halb so lang wie normal, er bewegte sich kaum noch. Plötzlich begann er sich zu übergeben, so lange, bis er das Gefühl hatte, sein Inneres nach außen zu kehren. Nun fühlte er sich noch schlechter. Er wusste nicht, wie um alles in der Welt er einen weiteren dieser erbärmlichen halben Schritte schaffen sollte.

Es verstrichen mehrere lange Minuten.

Schließlich dachte er, er könne vielleicht noch ein bisschen weiter gehen, nur noch einen halben Schritt.

Pole, pole.

Sie schafften es auf den Gipfel, und Curtis hatte seinen ersten Sieg über einen Berg errungen. Diese Erfahrung lehrte ihn, was es bedeutet, weiterzumachen, wenn man keine andere Option hat, und machte ihm bewusst, welche Kraft der Geist angesichts scheinbar unüberwindlicher Hindernisse freisetzen kann.

Krabbeln, Gehen, Laufen – und das Unmögliche schaffen.

3. Bereiten Sie sich besser vor als nötig

Wenn Sie sich das nächste Mal einen tollen Film ansehen, sollten Sie sich Folgendes bewusst machen: Für jede Minute, die Sie auf der Leinwand sehen, hat die Filmcrew mindestens zwanzig Minuten gedreht, die herausgeschnitten wurden. Das entspricht insgesamt mehr als vierzig Stunden – fast zwei Tagen – Filmmaterial im Wert von Millionen Dollar, die niemand je zu Gesicht bekommen wird. Was für eine Verschwendung, denken Sie jetzt vielleicht. Weit gefehlt. Dies ist das übliche Verfahren. Es ist nötig, um einen guten Film zu produzieren.

So kommen große Leistungen in *jedem* Bereich zustande. Man bereitet viel mehr vor, als man benötigt. Sehr viel mehr. Eine Eiche wirft jeden Herbst tausende Eicheln ab. Warum? Jede einzelne Eichel enthält alles, was der Baum zur Fortpflanzung und zur Erhaltung seiner Art braucht. Wozu dienen also all die anderen? Sie sind Entwürfe, die nicht in die Tat umgesetzt werden.

Vorzügliche Übung hat Ähnlichkeit mit diesem Prozess: Man bereitet sich nicht auf das vor, was geschehen wird. Man bereitet sich auf hunderte Dinge vor, die geschehen *könnten*, aber vermutlich nie geschehen werden. Man übt nicht für das, was man zu tun *erwartet*, sondern für das zu Erwartende sowie für zehn weitere, für fünfzig weitere Möglichkeiten.

Im Frühjahr 2016 flog ich nach Fort Lauderdale, um mich mit meinem früheren Fluglehrer John Carey zu treffen. Ich hatte gerade einem alten Marinepiloten ein kleines Flugzeug abgekauft, eine einmotorige Fuji LM2. Diese Maschine hatten die Japaner in den 1950er-Jahren als Ausbildungsflugzeug für die Luftwaffe gebaut; sie beruhte auf der einmotorigen Zweisitzer-Version Beechcraft T-34. Dieses Flugzeug war also anderthalb Jahrzehnte vor meiner Geburt von den japanischen Streitkräften verwendet worden. John hatte eingewilligt, mich auf dem Jungfernflug zu begleiten. Ich wollte die Maschine über Miami nach Puerto Rico bringen, wo ich einen Stellplatz gemietet hatte.

Ich kenne John seit mehr als einem Jahrzehnt, seit meinen Tagen im Militär, als ich bei ihm meinen Flugschein gemacht hatte. John ist ein Fluglehrer der alten Schule, mit verwittertem Gesicht und einer rauen Stimme, die sich anhört, als hätte sie hunderttausend Stürme übertönen müssen, um Flugzeugbesatzungen Anweisungen zuzubrüllen.

Wir fuhren zum Flughafen, um den Verkäufer zu treffen, der uns die Details des »neuen« Flugzeugs erklärte, bevor wir zu einem Probeflug abhoben. Es war so weit alles klar, aber jedes Flugzeug hat seine kleinen Eigenarten. Als wir den Motor für einen Probelauf anließen, hörte ich ein Geräusch, das mir ein wenig sonderbar vorkam, aber der Motor lief kräftig und alle Parameter stimmten. Also hoben wir zu einem kleinen Rundflug ab.

Die Momente unmittelbar nach dem Abheben sind immer die kritischste Phase in einem Flug. Die Maschine befindet sich noch in geringer Höhe, die nicht für einen Gleitflug ausreicht, was zugleich bedeutet, dass man weniger Zeit zum Entscheiden hat als in großer Höhe. Außerdem ist das Flugzeug in dieser Phase besonders schwer, weil es noch vollgetankt ist. Und die Geschwindigkeit ist gering. Nehmen wir alles zusammen: Die Maschine ist schwer, langsam und nicht weit vom Boden entfernt. Deshalb passieren so viele schwere Unfälle in den ersten Sekunden und Minuten nach dem Start.

Wir rollten die Startbahn hinunter und gaben Gas. Irgendetwas hörte sich nicht richtig an – aber die Anzeigen stimmten weiterhin. Wir hoben ab und stiegen auf. Ich saß am Steuer, John auf dem Sitz hinter mir, und ich wartete darauf, dass seine kratzende Stimme Anweisungen brüllte wie damals, als er mein Lehrer war. Aber John brüllte nichts. Er schnüffelte die Luft.

Ich roch es ebenfalls. Ich spürte Feuchtigkeit und schaute hinunter: Mein Hosenbein war vollkommen durchnässt. Kerosin spritze auf meine Hose.

Oh, nein.

Vom Motor verläuft ein Treibstoffschlauch zum Druckmesser in der Instrumententafel. Dieser Schlauch hatte sich aus der Befestigung an der Instrumententafel gelöst, und jetzt ergoss sich der kostbare Treibstoff auf mein Bein. Da saß ich nun in einem Flugzeug, das fast so alt war wie John, in einer Lache leicht entflammbaren Kerosins. Ich warf einen Blick auf das Funkgerät: Ein Funke genügt, und John und ich würden in einem Cockpitbrand sitzen.

In einer solchen Situation möchte man besser vorbereitet sein, als man je für nötig halten würde.

Ein wichtiger Bestandteil der Pilotenausbildung ist die Beherrschung von Notsituationen. Piloten spielen in der Ausbildung hunderte mögliche Gefahrenszenarien durch: Sie lernen, was zu tun ist, wenn ein Motor ausfällt, wenn ein Leck in den Treibstoffleitungen auftritt, wenn es ein Problem mit der Elektrik gibt, wenn die Funkverbindung zusammenbricht. Als Chesley Sullenberger im Januar 2009 jenen Airbus A320 auf dem Hudson landete und alle 155 Menschen an Bord unverletzt geborgen werden konnten, war in den Medien nur vom »Wunder auf dem Hudson« die Rede. Aber das eigentliche Wunder hatte bereits Jahre früher stattgefunden. Sully hatte es *einstudiert.* Nur dass niemand erwartet hatte, dass er es jemals würde *vollbringen* müssen.

Zum Glück war er übertrieben gut vorbereitet.

Dasselbe gilt für die Ausbildung von Spezialeinheiten. Wenn dein Team an einem Strand landen oder mit dem Hubschrauber hinter den feindlichen Linien abgesetzt werden muss oder wenn es zu einer nächtlichen Kommandoaktion in ein Dorf geschickt wird, können zahllose Dinge schiefgehen. Wenn das passiert, sind wir vorbereitet.

Nehmen wir beispielsweise die »Operation Neptune's Spear« im Mai 2011, den Angriff auf jene Anlage im pakistanischen Abbottabad, in der sich Osama bin Laden versteckt hielt. Als einer der Black-Hawk-Hubschrauber des SEAL-Teams abstürzte, hätte die Aktion leicht mit einem Fiasko und dem Tod von zwei Dutzend SEALs enden können. Aber die Elitesoldaten hatten die richtigen Reaktionen auf derartige Notfälle vollkommen verinnerlicht. Sie setzten die Mission unbeirrt fort, sprengten den Hubschrauber und zogen sich unversehrt zurück – fast so, als hätten sie *geplant*, eine ihrer Maschinen zu verlieren. Tatsächlich hatten sie das in gewissem Sinn getan, denn sie waren auf alle möglichen Fehlschläge vorbereitet.

Sie hatten eine Einsatzdauer von 40 Minuten angesetzt. Tatsächlich war alles nach 38 Minuten erledigt. Wenn das kein ausgezeichnetes Training ist.

In der normalen und Notfallplanung für Piloten und Sondereinsatzkräfte werden so ungewöhnlich strenge Maßstäbe angelegt, weil diese Berufe mit großen Gefahren einhergehen. Ähnlich strenge Maßstäbe sollten bei zivilen Führerscheinen angelegt werden, was jedoch nicht geschieht. Ob das vielleicht etwas mit der furchtbar hohen Zahl von Verkehrstoten zu tun hat? Vielleicht wäre es keine so schlechte Idee, auch werdende Eltern gründlich auf kritische Situationen vorzubereiten.

Zweifellos sollte in der Unternehmenswelt eine gute Planung für Notsituationen trainiert werden. Das ist der Zweck eines guten Geschäftsplans: Es geht nicht darum, ihn jemand anderem zu zeigen, damit er Kapital lockermacht, sondern darum, *sich selbst* zu zeigen, dass man vorbereitet ist. Ein Geschäftsplan ist nicht einfach eine Ansammlung von Zahlen, sondern er ist eine Übung. Ein Probelauf. In einem guten Geschäftsplan werden verschiedene Szenarien durchgespielt: Diese zeigen nicht nur, wie die Dinge im Idealfall laufen sollen, sondern auch, was anders als erwartet kommen könnte.

Dasselbe gilt für das Sprechen vor Publikum. Wenn ich sage »Sie müssen Ihr Material kennen«, meine ich nicht, dass Sie Ihren Vortrag auswendig können müssen. Ich meine, dass Sie sich auf dem *Gebiet* auskennen und gründlich durchdenken müssen, was Sie wirklich sagen wollen. Wenn Sie vor laufender Kamera interviewt werden und zu mehreren Millionen Menschen sprechen, können Sie keine auswendig gelernte Rede halten. Und Sie haben keine zwanzig Minuten, um Ihre zentrale Botschaft rüberzubringen – vielleicht haben Sie nur zwanzig *Sekunden*. Sie müssen auf jede Frage antworten, die Ihnen gestellt wird – und es ist sehr wahrscheinlich, dass der Interviewer nicht die Fragen stellt, die Sie sich wünschen. Sie müssen ihre Kernaussagen vorbereitet haben, um Antworten geben zu können, die nicht ausweichend sind, sondern das enthalten, was Sie wirklich sagen wollen.

Das ist Notfallplanung.

Wenn Sie ein Jungunternehmer sind, der einem potenziellen Investor eine Geschäftsidee schmackhaft machen möchte, oder wenn Sie ein Vertreter oder ein Lehrer sind oder eine Einladung zu einem Live-Interview im Fernsehen erhalten haben, können Sie nicht steuern oder exakt vorwegnehmen, was Ihr Gegenüber sagen wird. Sie können sich nur so gut wie möglich vorbereiten, bevor Sie ins Rampenlicht treten. Eines kann ich Ihnen sagen: Das Rampenlicht wird Sie sehr viel weniger blenden, wenn Sie Ihr Material vollkommen beherrschen.

Zurück zu unserem Jungfernflug mit der Fuji LM2. Sie fragen sich vielleicht, wie die Geschichte im mit Kerosin gefluteten Cockpit ausging.

In Kleinflugzeugen wie diesem sind alle grundlegenden Steuerelemente mechanisch, weshalb es möglich sein sollte, die Kiste auch ohne Motor zu fliegen. Also schaltete ich sofort sämtliche elektrischen Systeme ab, bevor die Funkgeräte oder etwas anderes eine Chance hatten, Funken zu schlagen. Wir beeilten uns, die Maschine zu landen, ersetzten den defekten Treibstoffschlauch und hoben wieder ab, um uns auf den Weg nach Miami zu machen.

Dieser kleine Testflug endete nur deshalb nicht in einer Katastrophe, weil ich ihm keine Zeit dazu gab. Ich schaltete das elektrische System innerhalb von Sekunden ab, ohne darüber nachzudenken.

Ich hatte es geübt.

4. Legen Sie in der Vorbereitung strengere Maßstäbe an

Alles, was ich zuvor erklärt habe, läuft auf Folgendes hinaus: Um das Niveau Ihrer Leistungen in einem beliebigen Bereich zu heben, müssen Sie sich darauf konzentrieren, die Qualität ihrer Übungen zu erhöhen. Gleichgültig, ob Sie sich in einer Aktivität, der Sie bereits nachgehen, verbessern wollen oder ob Sie eine neue Tätigkeit meistern wollen: Sie müssen Ihre Energie in Ihre Vorbereitung stecken.

Das bedeutet, dass Sie sich fordern müssen. Ruhen Sie sich nicht auf Ihren Lorbeeren aus. Machen Sie es sich zur Gewohnheit, zu beurteilen, wo Sie gegenwärtig stehen, um das Niveau ihrer Leistungen anschließend um 5 Prozent zu erhöhen.

Nehmen wir beispielsweise Ihre Gesundheit, genauer gesagt Ihre Ernährung. Wie gut ist Ihre Lebensmittelauswahl geeignet, das Maß an Gesundheit zu erreichen, das Sie anstreben? Ich habe keinen bestimmten Ernährungsplan, an den ich mich halte oder den ich empfehlen würde. Vielmehr bin ich unentwegt auf der Suche nach neuer Information über wirkungsvolle Methoden zur Verbesserung meiner Gesundheit durch alltägliche Ernährungsentscheidungen. Ich lese Artikel über Gesundheit und Ernährung, suche das Gespräch mit Personen, die sich sehr aktiv mit ihrer Ernährung und Gesundheit beschäftigen, und bin immer offen für neue Erkenntnisse auf diesem Gebiet. Und ich bemühe mich unentwegt, das olympische Motto zu befolgen: *Citius, altius, fortius* – schneller, höher, stärker.

Die wesentliche Frage in diesem Kapitel lautet: »An welchem Maßstab möchten Sie sich in Ihrem Tätigkeitsfeld messen? Wie auch immer dieser Maßstab aussieht, ich empfehle Ihnen, die Messlatte höher zu legen, und sei es auch nur um einen Zentimeter. Das ist der Sinn der Forderung »Erweitere deine Kompetenzzone«. Wenn Sie bereits herausragende Leistungen von sich erwarten, wunderbar. Erhöhen Sie den Maßstab um 5 Prozent. Und morgen um weitere 5 Prozent.

Ein Freund von mir nahm an einer Reihe von Vernetzungsinitiativen für Unternehmensgründer teil, was empfehlenswert scheint. Das Problem war, dass er bereits auf einem höheren Niveau als alle anderen Teilnehmer arbeitete. Er war ein großer Fisch in einem kleinen Teich, der von diesen Möchtegern-Unternehmern hofiert wurde, die von seinen Erfolgen beeindruckt waren.

»Du verschwendest deine Zeit«, sagte ich zu ihm. »Du solltest dich mit dem Geschäftsführer einer Softwarefirma zusammensetzen, der herausragende Leistungen vorzuweisen hat – mit dem Mann, der du gern sein möchtest. Mit jemandem, der dir helfen kann, besser zu werden, der Verbindungen hat und dich auf den Boden der Tatsachen zurückholt, wenn du es nötig hast.«

Ich bot an, ihn mit einigen erfolgreichen Unternehmern zusammenzubringen, mit Leuten wie Sol Choi (16 Handles) oder Ryan Zagata (Brooklyn Bicycle Co.), aber er sträubte sich. Ich verstand ihn. Wenn man Zeit mit jemandem verbringt, der großen geschäftlichen Erfolg hat, steigt der Druck. Eben deshalb *mag ich es*, Zeit mit solchen Personen zu verbringen. Ich möchte mich nicht mit Leuten umgeben, die mir nur auf die Schultern klopfen und mir sagen, wie gut ich meine Arbeit mache. Ich will gefordert werden.

Als ich mich im Jahr 2015 EO anschloss, musste ich mich strecken, denn für die Mitgliedschaft musste man eine hohe Ertragsschwelle überschreiten. Aber ich blieb nicht lange dabei; im Jahr 2017 schied ich bei EO aus und schloss mich YPO (Young Presidents' Organization) an, die noch höhere Erträge für die Aufnahme verlangte. Unter den Mitgliedern von YPO sind Präsidenten von Unternehmen mit Milliardenumsätzen. Das ist jetzt mein Ziel. Es ist eine aufregende Reise. Ich habe aus dem Nichts ein Unternehmen mit einem Marktwert von 100 Millionen Dollar aufgebaut. Aber ich will noch höher hinaus. Ich strebe die Milliardenschwelle an. Um das zu erreichen, muss ich meine Komfortzone erweitern und Zugang zu Personen finden, deren gewaltige Leistungen in der Geschäftswelt für mich beängstigend sind.

Ich muss mir die Messlatte höher legen.

Als ich Hurricane im Jahr 2012 gründete, war es nichts weiter als ein Blog. Es dauerte nicht lange, bis ein richtiges Medienunternehmen daraus wurde. Ich hatte das Vorhaben in Angriff genommen, ohne viel über Medien oder Werbung zu wissen, aber ich machte es zu meinem Geschäft, zu lernen – schnell zu lernen. Ich las und las, und dann las ich noch ein bisschen mehr, etwa ein Dutzend Bücher in der Woche. Sechs Jahre später tue ich das immer noch. Die Leute in der örtlichen Buchhandlung wissen, wo meine Interessen liegen, und wann immer ich dort auftauche, liegt bereits ein Stapel Bücher für mich bereit. Ich habe so ziemlich alles gelesen, was im letzten halben Jahrzehnt über Medien, Werbung und Marketing veröffentlicht wurde, zumindest die wichtigen Titel. Dazu kommen hunderte andere Bücher zu verschiedensten Themen, die mit diesen Gebieten zu tun haben, und sei es auch nur am Rande.

Der typische Geschäftsmann eignet sich Kenntnisse auf einem Gebiet an, indem er drei oder vier, vielleicht auch ein halbes Dutzend Bücher zu dem Thema liest. Ich wähle einen anderen Zugang: Ich lese hundert. Wann immer ich auf ein Thema stoße, über das ich mich informieren muss – seien es Dokumentarfilme, Investmentbanking oder Kryptowährungen –, lese ich mindestens ein oder zwei Regalreihen von Büchern über das Thema. Alle außergewöhnlich erfolgreichen Unternehmer, die ich kenne, machen es so: Sie eignen sich große Mengen wertvoller Informationen über jedes Thema an, mit dem sie sich befassen müssen.

Die folgende Phrase habe ich von vielen Möchtegern-Unternehmern und mittelmäßigen Geschäftsleuten gehört: Sie reden gern von »massiver Aktion«. Ich nehme an, das soll etwa so viel bedeuten wie: »Wenn man genug Nudeln an die Wand wirft, wird ein Teil davon kleben bleiben.« Vielleicht funktioniert das für diese Leute … vielleicht.

Ich selbst bevorzuge *gezielte* Aktion, gestützt auf massive *Vorbereitung.*

In der Praxis

Gute Übung beseitigt die Angst nicht und macht uns nicht immun gegen Angst, aber sie gibt uns die Werkzeuge in die Hand, auf die wir im Augenblick der größten Angst zurückgreifen können. Durch Übung erwerben wir Kompetenz, und Kompetenz stärkt das Selbstvertrauen. Man wird in der Hitze des Gefechts sehr viel eher einen klaren Kopf bewahren, wenn man sein Material wirklich beherrscht.

Meistern Sie es zuerst im Kopf.

- Beobachten Sie Ihre Gedankengänge. Machen Sie sich das Gespräch in Ihrem Kopf bewusst. Sprechen Sie Ihre Gedanken laut aus, ohne sie zu filtern oder zu bearbeiten, denn nur so können Sie hören, was in Ihrem inneren Monolog wirklich gesagt wird.
- Wenn Sie bemerken, dass Ihre Gedanken negativ werden, müssen Sie innehalten und sie in eine andere Richtung lenken. Stellen Sie fest, durch welche positiven Gedanken Sie die negativen gerne ersetzen würden. Wenn Ihnen das hilft, können Sie es aufschreiben. Bedienen Sie sich einer positiven Sprache, um sich vorzustellen, welches Verhalten Sie sich von sich selbst wünschen würden: Bringen Sie den Schläger in Kontakt mit dem Ball, anstatt zu versuchen, einen Fehlschlag zu vermeiden.
- Formulieren Sie diese positiven Gedanken so klar, dass sie ein unmissverständliches Signal an Ihr endokrines System und an Ihr Nervensystem senden. Stellen Sie sich vor, wie Sie die Sequenz von Handlungen durchlaufen, die Sie meistern wollen. Und konzentrieren Sie sich darauf, es *richtig zu machen*. Vergessen Sie nicht: Die mentale Übung erfordert genauso viel, wenn nicht größere Disziplin als die körperliche.
- Beginnen Sie in Ihrer Komfortzone, und erweitern Sie diese Zone.
- Isolieren Sie die grundlegenden Bestandteile der Herausforderung und studieren Sie Ihre Schritte in einer entspannten Umgebung ein, bis sie richtig sitzen und vollständig sind.

- Erhöhen Sie nun durch Wiederholung und Feinabstimmung die Geschwindigkeit, den Umfang oder jeden anderen Aspekt oder Parameter, der vergrößert werden muss.
- Stoßen Sie an Ihre Grenze vor. Wenn Sie feststellen, dass die Präzision nachlässt, ziehen Sie sich in die früheren Grenzen Ihrer Kompetenzzone zurück, bis Sie wieder alles unter Kontrolle haben. Sodann beginnen Sie, die Grenzen erneut hinauszuschieben. Gehen Sie, so weit Sie können – und dann noch 5 Prozent weiter.
- Mit anderen Worten: Beginnen Sie innerhalb der Grenzen Ihrer gegenwärtigen Kompetenz und entwickeln sich ausgehend davon weiter. *Krabbeln, Gehen, Laufen.*

Legen Sie sich die Messlatte höher.

- Üben Sie mehr, als Ihnen notwendig scheint. Üben Sie nicht für das, was Sie zu tun erwarten, sondern für eine zehnmal größere Herausforderung. Bereiten Sie sich zu gut vor.
- Entwickeln Sie unwahrscheinliche Szenarien und bereiten Sie sich auch auf diese vor. Stellen Sie sich zehn verschiedene Fehlentwicklungen vor und studieren Sie Ihre Reaktion auf diese zehn Situationen ein. Bereiten Sie sich auf alles vor, was passieren *könnte*, aber wahrscheinlich nie passieren wird. Denn es könnte passieren.
- Legen Sie immer strengere Maßstäbe an. Das Training ist nie abgeschlossen. Fordern Sie sich. Geben Sie sich nie zufrieden. Streben Sie nach herausragenden Leistungen.

3

LOSLASSEN

»Heute ist ein guter Tag zum Sterben.«

Crazy Horse vor Beginn der Schlacht am Little Bighorn

Es war fünf Jahre her, dass ich aus dem Militärdienst ausgeschieden war. Seitdem hatte ich mich vor allem mit dem Aufbau meines Unternehmens Wind Zero beschäftigt. Ich hatte fast meine gesamten Ersparnisse sowie das Geld zahlreicher Investoren – darunter Verwandte und Freunde aus der Militärzeit – in das Vorhaben gesteckt. Und jetzt ging alles den Bach hinunter.

Dann eröffnete mir meine Frau, dass sie mich verlassen werde. Und dass sie die Kinder mitnehmen werde.

Menschen haben Angst vor dem Fallen, vor dem Fliegen, vor Verletzungen und vor dem Tod. All diese Dinge machten mir keine übermäßig große Angst. Es ist nicht sehr verlockend, über Bomben und Kugeln nachzudenken, über das Ertrinken oder über Waterboarding, über einen Tod in den Bergen Afghanistans oder eine Haft in einem irakischen Gefängnis. Aber für mich war nichts von alledem so schlimm wie die

Situation, mit der ich jetzt konfrontiert wurde. Dies war meine tiefste, meine größte Angst.

Die Angst vor dem persönlichen Versagen.

Ich hatte mein Unternehmen, meine Lebensersparnisse und jetzt auch noch meine Familie verloren. *Drei Fehlschläge und du bist raus.*

Ich war aus dem Militärdienst ausgeschieden, um meine Familie zusammenzuhalten. Nichts im Leben war mir wichtiger als meine Kinder. Wir wollten nie eines jener Ehepaare werden, die sich trennten und das Leben ihrer Kinder spalteten.

Und jetzt war genau das geschehen.

Es kam natürlich nicht vollkommen überraschend. Wir hatten Eheprobleme gehabt, vor allem, da ich in den Jahren der Scharfschützenausbildung für lange Zeit fort gewesen war. Aber wir hatten diese Zeiten überstanden, und ich glaubte, dass die Beziehung durchaus gut funktionierte, dass wir die Krise hinter uns gebracht hatten. Wir hatten gerade eine neue Wohnung gemietet. Der Beginn des Schuljahrs stand unmittelbar bevor, und ich hatte die Betreuung der Baseball-Schulmannschaft übernommen.

Mir kamen die letzten Worte in den Sinn, die der von Gene Hackman gespielte Sheriff Little Bill in dem Film *Erbarmungslos* sagt, bevor ihn der Auftragskiller William Bunny erschießt: »Das habe ich nicht verdient, so einen Tod. Ich baue mir gerade ein Haus ...«

So fühlte ich mich, fassungslos angesichts meiner Fehlbarkeit. *Ich baute gerade eine Familie auf ...*

Da saß ich nun allein und ohne Geld in einer leeren neuen Wohnung und dachte über einen Sprung von der Coronado Bridge nach. Aber diese Idee verwarf ich rasch wieder: Das konnte ich meinen Kindern nicht antun; abgesehen davon war mein Leben so turbulent, dass ich unbedingt wissen wollte, wie die Geschichte ausging.

Mein nächster Gedanke galt der Möglichkeit, die ich in der Hinterhand hatte: War es möglich, in den Militärdienst zurückzukehren? Natürlich, aber ich habe nie viel vom Weg des geringsten Widerstands oder von Rückschritten gehalten. Auch diese Möglichkeit schloss ich rasch aus. Was kam also infrage? Ich konnte in dem Haus sitzen, mich an die Scham klammern und in meinem Scheitern schwelgen. Ich konnte mich betrinken. Einen Freund anrufen und ihn für einen Selbstmitleidsmarathon verpflichten.

Oder ich konnte auf all das verzichten und mich der Situation stellen.

Ich ließ es auf sich beruhen, griff zum Telefon und machte mich daran, mein Leben aufzuräumen.

Ich löste den Mietvertrag auf und zog in eine kleine Wohnung um, die ich mir leisten konnte. Ich machte ein paar Anrufe, holte Erkundigungen ein und fand einen gut bezahlten Job in der Rüstungsindustrie, an den ich mich klammerte wie ein Schiffbrüchiger an eine Holzplanke in stürmischer See. Ich fing an, meine Schulden bei Verwandten und Freunden abzustottern, die in mein untergegangenes Unternehmen investiert hatten.

Während ich mich aus dem Sumpf befreite, begann ich, über die Dinge nachzudenken, die für mich sprachen. Ich hatte drei wunderbare Kinder, die gesund waren. Ich hatte eine Exfrau, die bereit war, sich mit mir zu verständigen. Und ich hatte einen tollen Job.

Das Rüstungsunternehmen, für das ich jetzt arbeitete, übertrug mir die Leitung eines geheimen Programms, in dem wir mit »Special Operations Command« zusammenarbeiteten, dem Kommando für Spezialoperationen, kurz SOCOM. Ich sollte dafür sorgen, dass die Ingenieure, die Funkgeräte und andere Kommunikationsausrüstung für die amerikanischen Spezialeinheiten entwickelten, nicht Millionen Dollar in Dinge steckten, die für die Soldaten in der Praxis keinen Nutzen hatten. Die Bereichsleiterin, der ich unterstellt war, war eine fantastische Führungskraft und ausgezeichnete Mentorin; ich bewunderte sie. Ich bewegte mich jetzt in einflussreichen Kreisen und knüpfte Beziehungen, die meiner Karriere förderlich sein konnten. Die Arbeit war wichtig, und ich verdiente fast 200 000 Dollar im Jahr. In vielerlei Hinsicht war es der ideale Job.

Warum begann ich also nach wenigen Monaten darüber nachzudenken, diesen Job aufzugeben und erneut ein Unternehmen zu gründen?

»Bist du völlig verrückt geworden?«, sagten meine Freunde. »Du hat einen fantastischen, gut bezahlten Job mit tollen Aufstiegschancen! Viele Leute würden ihre rechte Hand dafür geben, in deiner Situation zu sein! Und du willst dieses berufliche und finanzielle Paradies freiwillig verlassen, um erneut auf eigene Faust eine Unternehmensgründung zu riskieren? Und das, obwohl du dich kaum von deinem letzten Schiffbruch erholt hast?«

Ich musste zugeben, dass dies gute Argumente waren. Aber es waren nicht die *wesentlichen* Argumente.

Es war ein toller Job. Aber er war eine Kokosnuss.

Manchmal müssen Sie die Kokosnuss loslassen

Ein philippinischer Freund hat mir erzählt, wie die Leute in seiner Heimat Affen fangen: Sie vergraben eine Kokosnuss, die durch eine schmale Röhre zu erreichen ist. Der Affe kann seine Hand durch die Röhre stecken, aber wenn er die Kokosnuss packt, ist seine Faust zu groß, um sie zurückzuziehen. Er ist gefangen. Um freizukommen, müsste er nur die Kokosnuss loslassen, aber das tut er nicht. Warum nicht? Was bewegt den Affen dazu, die Kokosnuss festzuhalten? Angst. Er hat Angst zu verlieren, was er gewonnen hat. Also hält er an der Kokosnuss fest und verliert seine Freiheit.

Ich wollte nicht dasselbe Schicksal erleiden wie die philippinischen Affen.

Weshalb klammerte sich Kamal im Pool an den Beckenrand? Was hindert Menschen daran, die Risiken einzugehen, die sie auf sich nehmen müssten, um ihre Träume zu verwirklichen? Was hält Menschen in nicht mehr funktionierenden Beziehungen oder verhassten Jobs gefangen – oder wie in meinem Fall in einem tollen Job, der sie jedoch davon abhält, etwas noch Besseres zu erreichen? Sie können die Kokosnuss nicht loslassen.

Auch Sie können Großes erreichen.

Aber dafür müssen Sie die Kokosnuss loslassen.

Die Bewältigung der Angst beginnt mit einer Entscheidung, gefolgt von Übung, die uns so gut wie möglich darauf vorbereitet, den Sprung ins Unbekannte zu wagen und angesichts unserer Angst zu handeln. Aber wenn der Zeitpunkt für den Sprung gekommen ist, gibt es in neun von zehn Fällen etwas, das die Menschen davon abhält, das Wagnis tatsächlich einzugehen. Etwas, an dem sie festhalten.

Für Kamal war dieses Etwas der Beckenrand. In unserer Lebensreise ist es das, was wir als »Heim« bezeichnen. Bevor wir den Sprung ins Ungewisse unseres Erwachsenenlebens wagen können, müssen wir unsere Kindheit hinter uns lassen, den Schürzenzipfel loslassen, die Stützräder abmontieren. Wir müssen unser Heim verlassen. Wir müssen loslassen.

Wenn wir loslassen, geben wir die Kontrolle auf. Wir öffnen die Hand, die sich an den Rahmen der Flugzeugtür klammert, und springen hinaus. Wir lassen das Geländer des Zehn-Meter-Turms los, treten vor an den Rand der Plattform, holen tief Luft und stehen vor der Leere.

Ich ließ das Geländer los, trat vor an den Rand der Plattform und holte tief Luft. Ich ließ meinen tollen Job zurück und sprang in die Tiefe, um in meine neue Unternehmung einzutauchen.

Wenige Jahre später lehnte ich ein 15-Millionen-Dollar-Angebot für mein Unternehmen ab und war auf dem besten Weg zu einer Verzehnfachung dieses Werts. Hatte sich der Sprung ins Ungewisse gelohnt? Und ob er sich gelohnt hatte. Aber nichts von alledem wäre geschehen, hätte ich nicht die Kokosnuss losgelassen.

Sicherheit ist eine Illusion

Der vielleicht wichtigste Grund dafür, dass uns die Angst gefangen halten kann, ist in der Tatsache zu suchen, dass sie direkt unseren natürlichen Selbsterhaltungstrieb anspricht. Angst ist das Bewusstsein einer Bedrohung, nicht wahr? Und natürlich wollen wir in Sicherheit sein, richtig? Aber genau das ist eine Falle! Und in dieser Falle verbirgt sich ein Geheimnis, das uns unangenehm sein dürfte. Aber es wirkt befreiend, dieses Geheimnis zu lüften.

Das Geheimnis ist: *Wir sind niemals in Sicherheit.*

Die Falle funktioniert so: Wenn wir glauben, dass wir wirkliche Sicherheit erreichen und aufrechterhalten können, werden wir nie etwas riskieren – und nie wirklich leben.

Die Befreiung funktioniert so: Haben wir einmal verstanden, dass vollkommene Sicherheit unerreichbar ist, so erlangen wir die Freiheit, jene Risiken einzugehen, die den Einsatz wert sind. Wir lernen, uns leidenschaftlich und vollkommen auf Wagnisse einzulassen.

Vielleicht denken Sie, dass Navy SEALs vollkommen auf jegliche Sicherheit pfeifen. Tatsächlich trifft das Gegenteil zu. Wie bereits gesagt, tun wir alles, um uns auf alle Eventualitäten vorzubereiten. Wir legen großen Wert auf die Sicherheit. Aber wir sind uns ihrer Grenzen bewusst. Wir wissen, dass die Sicherheit letzten Endes *eine Illusion ist.*

Mein Freund Kamal war ursprünglich in der Traumaforschung tätig. Vier Jahre lang arbeitete er jeden Tag bis in die Nacht in einem Unfallkrankenhaus, wo er Daten über Unfallopfer sammelte und Proben nahm.

»Ich sah viele Menschen sterben«, erinnert er sich. »Und all diese Menschen waren am Morgen so wie jedermann aufgestanden, hatten gefrühstückt, waren ins Auto gestiegen und hatten sich auf den Weg zur Arbeit gemacht. Nur dass der Tag für sie auf einer Bahre endete und für ihre verzweifelten Angehörigen mit dem Tod eines geliebten Menschen.«

So sehr wir uns auch bemühen, unserem Leben ein Gerüst der Beständigkeit und Vertrautheit zu geben, wir können nichts daran ändern, dass das Leben vollkommen unvorhersehbar ist. Es gehorcht der Entropie, dem zweiten Gesetz der Thermodynamik: Alle geordneten Systeme werden schließlich zerfallen und sich in Wasserstoff auflösen. Vor einiger Zeit raste ein Mann in der New Yorker West Side mit einem Lastwagen über einen Radweg und überfuhr so viele Jogger und Fußgänger wie möglich. Er tötete acht Menschen und verletzte zwanzig weitere. Ich wohne nur wenige Blocks entfernt und halte mich oft dort auf. Ich hätte leicht unter den Opfern sein können. Und es bedarf keines Terrorakts: Es genügt, mit dem Hund spazieren zu gehen und am Handy zu telefonieren – er zieht an der Leine, ein Taxi biegt in diesem Augenblick falsch ab, und mein Leben ist vorbei.

Solche Dinge passieren. Sie passieren jeden Tag.

Also tun wir, was in unserer Macht steht, um unsere Chancen zu verbessern, um unsere Sicherheit und unsere Lebenserwartung zu erhöhen. Aber letzten Endes haben wir keine Kontrolle über das Ergebnis. Sollten wir alles für unsere Sicherheit tun? Natürlich. Aber dabei sollten wir uns stets der Tatsache bewusst sein, dass es im Grunde keine Sicherheit gibt.

Und wenn Sicherheit eine Illusion ist, was hat es dann für einen Sinn, das Leben eines Zuschauers zu führen? Auf der Tribüne zu sitzen, ist nicht sicherer, als auf dem Spielfeld zu stehen. Selbst wenn Sie sich dafür entscheiden, auf Nummer sicher zu gehen und jegliches Risiko zu vermeiden: Das ist nicht möglich, denn in Wahrheit gibt es diese Option nicht. Auf Nummer sicher zu gehen, ist der Traum eines Dummkopfs.

Das rückt die Angst in ein anderes Licht. Die Angst hat nicht zuletzt deshalb so große Macht über uns und zwingt uns dazu, uns am Beckenrand festzuhalten, statt den Sprung in den tiefen Teil des Beckens zu wagen, weil der Impuls, an dem festzuhalten, was wir haben, so stark ist. Wir neigen dazu, bei dem zu bleiben, was »schon immer gut funktioniert hat«, und die Dinge so zu lassen, wie sie »seit jeher sind«. Dabei ist das Bewährte nicht sicherer als das Ungewisse.

Große Fortschritte – sei es der Menschheit als ganzer oder einzelner Menschen – sind nur möglich, wenn wir uns auf Wagnisse einlassen: Diesen neuen Job annehmen, obwohl man nicht sicher ist, ihn bewältigen zu können. Den sicheren Job für eine neue Chance aufgeben. Zur Armee gehen. Aus der Armee ausscheiden. Dieses Mädchen zum Tanzen auffordern. Eine eigene Firma gründen. Allein schon die Reise durch den Geburtskanal hinaus in das grelle Licht dieser lärmenden Welt war furchtbar riskant! Es war doch so sicher und ruhig im Mutterleib.

Aber das Risiko lohnt sich, denn auf der anderen Seite wartet der Schatz, der Schlüssel zum Königreich, die Erfüllung der Träume.

Ein anderes Zitat aus der Filmgeschichte: Butch Cassidy und Sundance Kid sind auf der Flucht vor den Häschern und stehen plötzlich vor einem Abgrund. Vor ihnen, tief unten in der Schlucht, rauscht ein reißender Strom, hinter ihnen kommen die Jäger näher. Aber Sundance wird nicht springen. Sein Freund drängt ihn. Er weigert sich. Schließlich stößt er hervor: »Ich kann nicht schwimmen!«

Butch sieht ihn verblüfft an und sagt: »Bist du verrückt? Wahrscheinlich wird dich der Sprung ohnehin umbringen.«

Natürlich können Sie auf der Klippe sitzen bleiben, wo Sie »in Sicherheit« sind. Sie können warten, bis der Suchtrupp kommt, um Sie aufzugreifen und ins Gefängnis zu bringen. Oder Sie können springen. Sie haben Angst, Sie könnten ertrinken? Dann lesen Sie noch einmal, was Butch Cassidy dazu zu sagen hat.

Ignorieren Sie das Störfeuer

Chris Ward, ein Freund von mir, ging Anfang der 1980er-Jahre nach der Highschool zu den Marines. Chris liebte Musik und war ein Anhänger der legendären Punkband The Ramones. Er war begeistert von ihrem Keine-Gefangenen-Stil. Könnte man den Ethos des Marine Corps vertonen, so würde er sich anhören wie die Musik der Ramones.

Als sich die Dienstzeit von Chris im Sommer 1989 ihrem Ende zuneigte, trennte sich Dee Dee Ramone, der den E-Bass spielte, von der Band. Chris konnte es nicht glauben: Der Bass war sein Instrument, und Dee Dee war sein bevorzugtes Mitglied der Band. Er beklagte sich bei einem Kameraden: »Was für ein Mist – ohne Dee Dee sind es nicht mehr die Ramones!« Er schwor, nicht wieder zu einem Konzert seiner Lieblingsband zu gehen.

Es sollte anders kommen. Er ging noch zu einigen Ramones-Konzerten.

Tatsächlich war er bei allen ihren Konzerten dabei.

Als er hörte, dass die Ramones nach einem neuen Bass-Gitarristen suchten, setzte Chris sich hin, übte zwei Tage lang rund um die Uhr und spielte vor. Und er wurde tatsächlich ausgewählt! Um in die Band eintreten zu können, musste er seinen Namen ändern. Denn keines der Mitglieder hieß tatsächlich Ramone im Familiennamen, sondern sie hatten sich alle diesen Künstlernamen zugelegt. So wurde aus einem Marine namens Christopher Joseph Ward ein Musiker namens C. J. Ramone.

Seinen ersten Auftritt mit der Band hatte C. J. genau fünf Wochen nach seinem Ausscheiden aus dem Marine Corps. Er hatte also 35 Tage Zeit, um vierzig Songs einzustudieren. In diesen fünf Wochen lebte er in seinem Zimmer und tat nichts anderes, außer Bass zu spielen. Zum Essen setzte er sich mit seinem Bass hin. Er nahm den Bass mit ins Bett. Er übte, übte und übte. Vor dem Schlafengehen bezog er hinter dem Vorhang Stellung und übte, wie ein Ramone auf die Bühne hinauszulaufen. Er bereitete sich darauf vor, den Platz eines der legendären Bass-Gitarristen und Songschreiber in der Geschichte der Rockmusik einzunehmen. Aber er konnte im Kopf nichts anderes hören als seine eigenen Worte:

»Was für ein Mist – ohne Dee Dee sind es nicht mehr die Ramones!«

Der Gitarrist Johnny Ramone, der zu den Gründungsmitgliedern der Band gehörte, schaute ihm in die Augen und sagte: »Bist du so weit?« Es war beängstigend. C. J. glaubte, sich jeden Augenblick übergeben zu müssen. Und da wurde ihm klar, dass er eine Entscheidung fällen musste. Er konnte im Mist stecken bleiben, oder er konnte heraussteigen.

Er atmete tief durch und lief mit den anderen auf die Bühne.

Die Zuschauer buhten ihn aus, schrien ihn an, bewarfen ihn mit Flaschen, Schuhen und allen möglichen Dingen. Sie bespuckten ihn. Ein paar Fans in der ersten Reihe hielten ein Schild in die Höhe, auf dem »Wir wollen Dee Dee« stand. Ein Mädchen, das auf den Schultern ihres Freundes saß, zeigte ihm den Mittelfinger.

Aber all das machte ihm nichts aus. C. J.s größter Feind war die Stimme in seinem Kopf, die ihm zurief: *Was für ein Mist!* Aber er hörte nicht mehr auf sie.

Er spielte bei allen Konzerten der Band, bis sich die Ramones im Jahr 1996 auflösten.

Manchmal produziert Ihr innerer Monolog das Störfeuer – so wie es bei C. J. der Fall war. Manchmal sind es die Menschen in Ihrer Umgebung – und es können sogar die Personen sein, die Ihnen am nächsten stehen.

Vermutlich haben Sie diese Erfahrung schon gemacht: Menschen, die Sie lieben, drängen Sie, der Stimme Ihres Herzens *nicht* zu folgen. Es ist nicht leicht, die Stimmen der Erfahrung zu ignorieren. Sie wollen nichts Dummes tun, das Sie später bereuen werden. Aber manchmal, wenn die Menschen in Ihrer Umgebung »Tu das nicht!« sagen, sagt Ihnen Ihre Intuition: »Tu es!« Mit Sicherheit haben Sie diese Erfahrung schon mehr als einmal gemacht.

Und dasselbe gilt für meine Freundin Maria Emma.

Maria ist vielseitig talentiert – sie ist Eiskunstläuferin auf Spitzenniveau, ein künstlerisches Wunderkind, ein Genie im Umgang mit Menschen und eine energiegeladene Unternehmerin. Im Alter von sechzehn Jahren leitete sie zwei Eislaufbahnen, auf denen vierzig Trainer mit vierhundert Sportlern arbeiteten. Sie war die jüngste Studentin, die je vom Fashion Institute of Technology aufgenommen wurde. Mit achtzehn Jahren übernahm sie einen Managementposten bei Walmart, und nach nur einem halben Jahr war sie für die Einstellung neuer Mitarbeiter zuständig und betreute den 15 Milliarden Dollar schweren Bekleidungsbereich des Unternehmens. An diesem Punkt entschloss sie sich, ihr eigenes Unternehmen zu gründen, und kaufte das EmbroidMe-Franchise für Manhattan, ein Unternehmen, das sich auf individuelle Stickereien und Siebdrucke spezialisiert hat.

Und alle Leute in ihrer Umgebung sagten ihr, dass es nicht funktionieren würde.

Es ging Maria ähnlich wie mir, als meine Freunde meinten, es sei verrückt, meinen Job in dem Rüstungsunternehmen aufzugeben: Sie musste zugeben, dass die Warnungen durchaus angebracht waren. Das war im Jahr 2008. Die amerikanische Wirtschaft schrumpfte. Maria hatte gerade einen ausgezeichneten, gut bezahlten Job aufgegeben und ihre gesamten Ersparnisse (rund 300 000 Dollar) in das neue Unternehmen investiert. Jetzt ernährte sie sich von Ramen-Nudeln und arbeitete in ihrem winzigen Appartement im sechsten Stock eines Hauses ohne Aufzug. In der 45 Quadratmeter großen Wohnung hatten Maria und ihr Schreibtisch Platz. Die Kunden mussten unten klingeln und in den sechsten Stock hinaufkommen.

»Bist du verrückt?«, sagten ihre Freunde. »Niemand wird sechs Stockwerke hinauflaufen!«

Also rang sie sich zu einer der schwersten Entscheidungen ihres Lebens durch.

Machte sie ihre Firma dicht? Akzeptierte sie die Niederlage? Weit gefehlt. Sie brach vorübergehend den Kontakt zu jenen Freunden und Familienmitgliedern ab, die versuchten, sie von der Aussichtslosigkeit Ihres Projekts zu überzeugen. An jenem Abend setzte sie sich in ihr Auto und brach in Tränen aus.

»Es war furchtbar schmerzhaft«, erinnert sie sich. »Aber es war notwendig.« Maria wusste, dass sie schließlich den Glauben verlieren würde, wenn Sie sich weiter den Zweifeln ihrer Umgebung aussetzte. Besonders schwer fiel ihr die Entscheidung, weil sie wusste, dass die Kritik durchaus begründet war. Aber sie war nicht bereit, dies zu akzeptieren.

»In meinen Augen hat die Angst nichts mit deiner Situation zu tun, sondern hängt ausschließlich von deiner Geisteshaltung ab«, erklärt Maria. »Hatte ich Angst? Und ob! Aber ich entschloss mich, die Angst als Aufforderung zu betrachten, ein Wagnis einzugehen und eine neue Geschichte zu schreiben.« Wir werden in Kapitel 5 auf Marias Geschichte zurückkommen. Für den Augenblick muss die Kurzfassung genügen: Ihr Unternehmen wurde ein überwältigender Erfolg.

Manchmal kommen die Störsignale wie in Marias Fall von wohlmeinenden Freunden. Manchmal sind unglückliche, übelgesinnte Personen dafür verantwortlich, Personen, die uns *zu Fall bringen* wollen.

Seit einigen Jahren verfolgt eine kleine Clique frustrierter ehemaliger Navy SEALs meine Karriere und versucht mir zu schaden. Diese Leute erzählen jedem, der ihnen zuhört, ich sei ein Schwindler, und tauschen in den Social Media Gemeinheiten über mich aus. Es ist, als hätte ich eine Gruppe von Groupies, nur dass mich diese hier nicht mit Liebe, sondern mit Hass verfolgen. Wie es Paulo Coelho ausgedrückt hat: »Hasser sind verwirrte Bewunderer.«

Einige Jahre ging mir das nahe, und ich versuchte, diese Leute zu bekämpfen. Doch dann fragte ich mich eines Tages: Würde mir morgen ein Arzt sagen, ich hätte nur noch ein Jahr zu leben, würde ich mich dann damit beschäftigen, was ein paar Enttäuschte in den sozialen Medien über mich sagen? Natürlich nicht. Ich würde mich ans Telefon klemmen, um eine einjährige Weltreise mit meinen Kindern zu organisieren. Ich würde jeden verbleibenden Augenblick mit meiner Familie und meinen Freunden verbringen, schöne Momente sammeln und mich mit den Dingen beschäftigen, die mir am meisten bedeuten.

Selbstverständlich hat der Arzt nichts Derartiges gesagt, nicht zu mir und wahrscheinlich auch nicht zu Ihnen. Aber welchen Unterschied macht es, ob wir noch ein Jahr zu leben haben oder ob uns fünfzig Jahre bleiben? Egal wie lang unser Leben dauert, es gibt keine Rechtfertigung dafür, auch nur einen einzigen Tag mit Unfug zu vergeuden. Es wird immer Leute geben, die uns in die Suppe spucken, uns fertigmachen, unsere Träume zerstören und unseren Fortschritt behindern wollen. Wir können ihnen zuhören, wenn wir wollen. Oder wir können es gut sein lassen und uns den Dingen zuwenden, die wichtig sind.

Wenn sich eine Gelegenheit bietet, greifen Sie zu

Nachdem ich seine Geschichte in meinem Podcast erzählt hatte, sagte C. J. Ramone etwas, was ich nicht vergessen werde: »Eine wirkliche Gelegenheit ist etwas Seltenes. Ich sehe Freunde, die ein Unternehmen gründen oder einen anderen wichtigen Schritt tun wollen, und sage ihnen: ›Irgendwann hast du dich genug vorbereitet. Du weißt, dass du es tun willst. Du hast dich bereits entschieden. Genug vorbereitet. Jetzt musst du es einfach versuchen.‹«

Es kommt ein Punkt, an dem es nicht mehr auf die Vorbereitung ankommt. Jetzt kommt es darauf an, einen Versuch zu wagen.

Sie haben das wahrscheinlich schon gehört: »Es bieten sich überall Gelegenheiten, du musst nur die Augen offen halten.« Aber das ist nicht ganz richtig. Ich höre das nie von wirklich erfolgreichen Unternehmern, denn sie wissen, dass *wirkliche* Gelegenheiten von der Art, die uns zu triumphalen Erfolgen verhelfen, sehr selten und ausgesprochen wertvoll sind. Man stößt nicht an jeder Straßenecke darauf.

C. J. hat vollkommen recht. Es bieten sich *nicht* überall Gelegenheiten. Es gibt sie, aber sie sind sehr, sehr selten. Und wenn sie vor einer großen Gelegenheit stehen, lassen viele Leute sie ungenutzt verstreichen, weil sie zu sehr damit beschäftigt sind, sich auch wirklich perfekt vorzubereiten, und das Gefühl haben, noch nicht bereit zu sein.

In der Scharfschützenausbildung sahen wir das immer wieder. Wir übten das Anschleichen, wobei die Schützen versuchen mussten, sich den Ausbildern bis auf zweihundert Meter zu nähern und eine geeignete Schussposition einzunehmen. In der Zwischenzeit taten die Ausbilder alles, um die sich nähernden Schützen zu enttarnen. Wer aufgespürt wurde, hatte den Test nicht bestanden.

Wir schickten auch Beobachter los, die sich zwischen den Schützen umher bewegten und ihre Technik beurteilten, ohne jedoch ihre Position preiszugeben. Ich verbrachte viel Zeit damit, Trainees in der Zielannäherung zu unterweisen und ihre Bewegungen im Feld zu beobachten. Ich sah den Männern dabei zu, wie sie zwei oder drei Stunden damit zubrachten, sich der 200-Meter-Zone zu nähern – und dann eine weitere Stunde für die Vorbereitung des Schusses aufwandten. Es stimmt schon, man braucht Zeit, um sich in die richtige Position zu bringen, sicherzustellen, dass man ein gutes Gesichtsfeld und eine klare Schusslinie hat und dass die Tarnung perfekt ist, damit keine Blätter fliegen und kein Mündungsfeuer zu sehen ist, wenn man schließlich abdrückt.

Das alles dauert eine Weile. Aber eine *Stunde* sollte es nicht dauern.

Doch manche Schützen lagen eine Ewigkeit dort, bereiteten sich vor und bereiteten sich noch ein bisschen besser vor ... und konnten sich nie zum Schuss entschließen. Am Ende lief die Zeit ab, ohne dass sie es geschafft hatten abzudrücken. Das Problem war nicht der eigentliche Ablauf der Vorbereitung; sie wussten, wie sie das zu tun hatten. Sie hatten es einstudiert. Das Problem war, dass sie die Vorbereitungsphase nicht auf sich beruhen lassen konnten.

Diesen Fehler beobachte ich auch im zivilen Leben oft. Leute, die beruflich oder in einem anderen Lebensbereich in eine Sackgasse geraten sind, bereiten sich vor ... und bereiten sich vor ... und bereiten sich vor. »Es ist noch nicht der richtige Zeitpunkt«, sagen sie, oder: »Ich bin noch nicht so weit.«

Diesen Fehler sollten Sie vermeiden. Lassen Sie sich die schönsten Erfahrungen und die größten Chancen in Ihrem Leben nicht entgehen, weil Sie das Gefühl haben, »noch nicht bereit« zu sein. Ich glaube, der Ursprung dieses tragischen Fehlers liegt in einem falschen Verständnis des Wortes *bereit*: Es bedeutet nicht, dass alle Ungewissheit ausgeräumt ist. Es bedeutet nicht, dass Sie so geübt sind, dass alles, was nun kommt, leicht sein wird. Es wird nicht leicht sein. Kein Sprung, der sich lohnt, ist leicht.

Bereit zu sein bedeutet einfach, dass Sie gerüstet und startbereit sind. Jetzt ist es an der Zeit, dass Sie aufbrechen.

C. J. hat den Nagel auf den Kopf getroffen. Unsere Zeit auf diesem Planeten ist begrenzt und kostbar. Wirklich große Gelegenheiten sind selten. Sie müssen bereit sein, jede Gelegenheit zu ergreifen, die sich Ihnen bietet, und der Großteil der Vorbereitung besteht in der richtigen Einstellung. Sie müssen im Loslassen geübt sein – und Sie müssen bereit sein, einen Versuch zu wagen.

Raus aus der Echokammer

Ich habe Ihnen von Kamals Angst vor dem Eintauchen ins Wasser erzählt, die ihn bis vor Kurzem daran hinderte, schwimmen zu lernen. Mit einer Frage haben wir uns noch nicht befasst: *Warum* hatte er Angst davor?

Wie sich herausstellt, gibt es eine ganz konkrete Antwort darauf. Kamal war vier Jahre alt, als er in einen schlammigen Sumpf fiel und unterging. Vor dem Ertrinken rettete ihn, dass ihn jemand hineinfallen sah und ins Wasser watete, um ihn herauszufischen. Er kann sich nur dunkel an diesen Vorfall erinnern – tatsächlich hatte er das Erlebnis vollkommen vergessen und erinnerte sich erst daran, als ich während der Arbeit an diesem Buch mit ihm über seine Angst vor dem Schwimmen sprach.

Manchmal hat die Angst, die uns zurückhält, nicht direkt mit unseren gegenwärtigen Lebensumständen zu tun. Manchmal stehen gegenwärtige Ereignisse in so engem Zusammenhang mit vergangenen Geschehnissen, dass sie tief verwurzelte Reaktionen auslösen. Die meisten Ängste, mit denen wir Tag für Tag konfrontiert sind, sind wie Schattenboxen – wir reagieren nicht auf eine tatsächliche Gefahr, sondern auf die Nachwehen von Ereignissen in ferner Vergangenheit.

Nehmen wir beispielsweise die geschäftliche Pleite, die ich im Jahr 2011 erlebte. Weshalb war sie so verheerend? Natürlich hat jedes männliche Ego eine tiefe Abneigung gegen das Versagen, und für einen Navy SEAL ist es noch zehnmal schlimmer. Aber da war noch mehr. Es war etwas Persönliches.

Ich war sechs Jahre alt, als die Baufirma meines Vaters pleiteging. Ich erinnere mich noch lebhaft daran, obwohl ich damals nicht wirklich verstand, was da geschah. Es war nicht so, dass ich meinen Vater für einen Versager hielt. Das tat ich damals nicht, und ich tue es heute nicht. Es war auch nicht so, dass die Erfahrung seinen Wert in meinen Augen gemindert hätte. Aber unser Leben änderte sich grundlegend: Wir zogen um, und bald darauf zogen wir erneut um. Ich raufte immer häufiger mit anderen Kindern. Für unsere Familie endete eine Ära, und es begann eine neue, sehr viel ungewissere und weniger glückliche Zeit.

Springen wir drei Jahrzehnte vor zum Zusammenbruch von Wind Zero und jener leeren, beängstigend stillen Wohnung. Für mich bedeutete ein »Firmenzusammenbruch« mehr als nur den Verlust meiner Ersparnisse. In der Echokammer hallte folgende Botschaft wider: *Jetzt muss die Familie leiden.* Und tatsächlich: Ehe ich mich versah, waren meine Frau und meine drei Kinder in einen anderen Bundesstaat umgezogen.

Um mich aus diesem Nebel der Verzweiflung zu befreien, musste ich alle Implikationen und Konnotationen der Geschehnisse abschütteln und ins Hier und Jetzt zurückkehren. Ich hätte in einer Endlosschleife wiederholen können, was falsch gelaufen war, wer die Schuld trug, wer wem wann was angetan hatte – in diesem Hamsterrad hätte ich das Drama Jahre fortspinnen können. Viele Menschen tun genau das. Aber wozu ist das gut?

Die Kommunikation zwischen meiner Frau und mir funktionierte weiter, und wir waren beide entschlossen, dafür zu sorgen, dass unsere Kinder unter möglichst stabilen Bedingungen aufwuchsen. Und das ist uns gelungen. Wir haben nie zugelassen, dass das Scheitern unserer Ehe zu einem Bruch zwischen den Kindern und einem von uns führte.

Ich hatte stets Anteil an ihrem Leben. Meine Exfrau und ich pflegen eine gute Beziehung: Sie heiratete schließlich wieder, und ich komme gut mit ihrem neuen Partner zurecht. Unsere Ehe scheiterte, aber unsere *Familie* funktioniert so gut, wie das bei einem geschiedenen Elternpaar möglich ist.

Aber damit sich alles so vorteilhaft entwickeln konnte, musste ich mich erst aus der Echokammer befreien.

Jeder von uns lebt in seiner eigenen Echokammer. Was spielt sich in Ihrer ab?

Vielleicht waren Sie in der Schule Ziel des Spotts von Kameraden. Vielleicht wurden sie zu Hause von einem Elternteil oder von Geschwistern körperlich oder verbal misshandelt. Vielleicht taten Sie Dinge, auf die Sie nicht stolz sind, vielleicht tat Ihnen jemand Dinge an, die Sie nicht verzeihen können. Vielleicht wurden Sie von Ereignissen traumatisiert, die nichts mit Ihnen zu tun hatten, die Sie jedoch miterleben mussten und bis zum heutigen Tag mit sich herumschleppen. Ein hypothetisches Beispiel: Nehmen wir an, Sie erlebten als Kind gewaltsame Auseinandersetzungen zwischen Ihren Eltern. Und jetzt ziehen Sie sich bei der geringsten Andeutung von Meinungsverschiedenheiten jedes Mal zurück und versuchen, einen Konflikt zu vermeiden. Das hat nichts mit dem gegenwärtigen Streit zu tun – Sie ducken sich weg, um eine Auseinandersetzung zu vermeiden, die vor dreißig Jahren ausgetragen wurde.

Was auch immer sich darin verbirgt, eines steht fest: So wie jedermann haben Sie eine Echokammer, und in dieser Kammer findet ein innerer Monolog statt.

Besonders schlimme Dinge verbergen sich natürlich in der Echokammer von Kriegsveteranen.

Für meinen Podcast *Power of Thought* interviewte ich einen Helden der »Greatest Generation«, Kapitän Jerry Yellin. Er meldete sich wenige Monate nach dem japanischen Angriff auf Pearl Harbor an seinem 18. Geburtstag zur Armee und nahm als Mitglied der 78. Kampffliegerschwadron an der Landung auf Iwojima teil. 67 000 Marineinfanteristen sollten die nur 21 Quadratkilometer große, aber strategisch bedeutsame Insel einnehmen, die von 23 000 Japanern verteidigt wurde, die sich in gut befestigten Stellungen eingegraben hatten. Bald verrotteten etwa 28 000 Leichen in der Sonne, darunter 21 000 Japaner und fast 7000 Amerikaner.

»Als ich an Land ging, stieg mir der Geruch des Todes in die Nase, und ich wurde ihn nie wieder los«, erinnerte sich Jerry Yellin.

Einen Monat später nahm er an der ersten Langstreckenmission über Japan teil. Und so unglaublich das klingt, er nahm auch am *letzten* Kampfeinsatz des Krieges teil. Sechzehn der Männer, mit denen er flog, kehrten nicht heim.

Als Jerry aus dem Krieg heimkehrte, fiel er in ein dunkles Loch. Die nächsten dreißig Jahre war er laut seiner Selbstbeschreibung ein hoffnungsloser Fall: Er konnte nicht arbeiten, kein geregeltes Leben führen, nicht über seine Erlebnisse im Krieg sprechen. Er verstand nicht, warum er überlebt hatte, während so viele seiner Kameraden den Tod gefunden hatten. Obwohl er seine Frau liebte und vier wohlgeratene Söhne hatte, fand Jerry keinen Weg aus der Echokammer und zurück ins Land der Lebenden. So lebte er drei Jahrzehnte niedergeschlagen, einsam und hoffnungslos.

Im Jahr 1975 erfuhr er von Meditationstechniken, und innerhalb weniger Monate erwachten seine Lebensgeister. Heute reist er um die Welt, erzählt seine Geschichte und versucht, einer neuen Generation von Kriegsveteranen, die unter posttraumatischem Stress leiden, Hoffnung zu geben.

Jerry befreite sich durch Meditation aus der Echokammer. Das ist eine Möglichkeit. Eine andere ist ein Skiausflug auf den Mont Blanc.

Im Jahr 2017 unternahm ich mit vier ehemaligen Elitesoldaten und einem Kamerateam eine fünftägige Skitour von Chamonix auf den höchsten Gipfel der Alpen, wo wir einen Dokumentarfilm mit dem Titel *Big Mountain Heroes* drehen wollten. Das Thema war die Rückkehr von Kriegsveteranen ins Zivilleben. Viele dieser Männer und Frauen haben furchtbare Dinge gesehen und erlebt und können ihre Erinnerungen nicht abschütteln. Wer nicht dasselbe durchgemacht hat, kann ihnen nicht bei der Verarbeitung dieser traumatischen Erlebnisse helfen. Es gibt zahlreiche bewährte alternative Therapieansätze, aber die vom Veteranenministerium entsandten Betreuer versuchen das Problem üblicherweise mit Psychopharmaka zu lösen, was lediglich einen Teufelskreis von Medikamentenabhängigkeit und Opferrolle erzeugt. Wir müssen Wege finden, um die heimgekehrten Soldaten handlungsfähig zu machen, anstatt sie zu betäuben.

Dies war unsere Mission in Chamonix. Wir nannten sie »Thrills before pills«, setzten also Nervenkitzel anstelle von Tabletten ein.

»Wir können nie vollkommen geheilt werden« sagt einer der Veteranen im Film. »Aber jedes Mal, wenn wir losgingen, nähten wir die Wunde ein Stück weiter zu.«

Wir verharren nicht nur aufgrund eines posttraumatischen Stresssyndroms oder auch eines vergangenen Traumas in der Echokammer. Oft bleiben wir einfach aufgrund übertriebener Nostalgie darin gefangen, unfähig, uns unserer gegenwärtigen Realität zu stellen. Ich habe viele Männer kennengelernt, die den Militärdienst technisch hinter sich gelassen haben, im Kopf aber immer noch im Militär sind: Sie umgeben sich mit Erinnerungsstücken, die sie bei ihren Auslandseinsätzen angehäuft haben, verbringen ihre gesamte Freizeit mit anderen Veteranen und lassen niemand anderen in ihren heiligen inneren Kreis. Sie sind wie jene Väter, die unablässig über ihre glorreiche Studentenzeit sprechen und damit im Grunde sagen, dass sie ihre besten Tage hinter sich haben und seit damals auf dem absteigenden Ast sind.

Es ist nichts dagegen einzuwenden, in schönen Erinnerungen zu schwelgen. Auch kann man durchaus davon profitieren, sich mit vergangener Mühsal und leidvollen Erfahrungen auseinanderzusetzen, um die Gegenwart in die richtige Perspektive zu rücken. Problematisch wird es jedoch, wenn man in der Vergangenheit hängen bleibt. Dann ist man nichts weiter als ein Hamster im Rad.

Wenn Sie zu der Erkenntnis gelangen, dass Sie sich in dieser Situation befinden, dann können Sie nur eins tun: Legen Sie den Schalter um.

Lenken Sie das Gespräch in Ihrem Kopf in eine andere Richtung. Lassen Sie die Vergangenheit ruhen. Und wo Sie schon dabei sind: Lassen Sie die Zukunft Zukunft sein.

Konzentrieren Sie sich auf die Gegenwart.

Lernen Sie zu sterben

Mein erster Gast für den Podcast *Power of Thought* war James Altucher. James ist eine der imponierendsten Persönlichkeiten, denen ich je begegnet bin. Er begann seine Karriere in den 1980er-Jahren als Programmierer und schrieb im Jahr 1982 sein erstes Programm auf einem Apple II. Anfang der 1990er-Jahre sagte er voraus, irgendwann werde jedes Unternehmen eine Website brauchen – und natürlich hielten ihn die Leute für verrückt. Er gründete einen der ersten Website-Dienste und baute Seiten für Klienten wie American Express, Disney, Miramax, Sony und Time Warner auf. Im Jahr 1998 verkaufte er sein Unternehmen für 15 Millionen Dollar.

Aber er war »jung und dumm«, wie er es ausdrückt, und innerhalb von nicht ganz vier Jahren schaffte er es mit einigen unglücklichen Investitionen und schlechten Entscheidungen, sein Millionenvermögen auf ein Bankguthaben von weniger als 200 Dollar zu verringern. Er hatte Selbstmordgedanken. »Ich dachte, meine beiden kleinen Töchter wären mit den 4 Millionen Dollar aus der Risikolebensversicherung vermutlich besser dran als mit mir«, erinnert sich James.

Stattdessen setzte er seine unerschöpfliche Neugier ein. Ausgehend von dem, was er beim Kauf und Verkauf von Unternehmen gelernt hatte, begann er die Welt der Investments zu studieren. Er lud sich Aktienkurse aus einem halben Jahrhundert herunter und begann mit der Entwicklung statistischer Modelle. Er wurde ein Investmentguru. Er rief einen Investment-Newsletter ins Leben und verkaufte ihn für mehrere Millionen Dollar an TheStreet.com. Er baute ein Pharmaunternehmen auf und verkaufte es ebenfalls für mehrere Millionen. Er gründete mehr als ein Dutzend weiterer Unternehmen. Er leitete einen Hedgefonds. Er rief einen der beliebtesten Podcasts der Welt ins Leben. Er schrieb mehr als ein Dutzend Bücher, von denen eines laut der Zeitung *USA Today* »eines der zwölf besten Wirtschaftsbücher aller Zeiten« ist.

Und irgendwann in dieser Zeit der frenetischen Aktivität verlor er ein zweites Mal sein gesamtes Vermögen – nur um es ein drittes Mal aufzubauen. Und irgendwann musste er es ein viertes Mal aufbauen.

James treibt sich unentwegt zu neuen Höchstleistungen an. Aber im vergangenen Jahr tat er etwas, womit niemand gerechnet hatte. James ist ein sehr schüchterner Mensch und hat große Angst vor dem Sprechen in der Öffentlichkeit. Was tat er also? Er entschloss sich, eine Karriere als Stand-up-Comedian zu beginnen. Und zwar nicht irgendwo, sondern in einem bekannten Club in Manhattan.

»Ich hatte eine Heidenangst«, erinnert er sich. *Ach wirklich?*

Wenn Ihnen die Vorstellung, vor Publikum zu sprechen, beängstigend scheint, muss Ihnen ein Auftritt als Stand-up-Comedian wie ein Ausflug in die Hölle vorkommen. Diese Komiker müssen nicht nur vor Publikum sprechen, sondern dieses obendrein zum Lachen bringen. Und zwar ein ums andere Mal, unablässig, ohne eine Pointe falsch zu setzen. Denn wie jeder professionelle Komiker weiß, kann ein Auftritt innerhalb von Sekunden abstürzen, und wenn das passiert, ist er schwerer aufzufangen als ein einmotoriges Flugzeug in einem Hurrikan. Tatsächlich kommt es derart oft vor, dass ein Auftritt in die Hose geht, dass viele Comedians einen eigenen Terminus dafür haben.

Sie nennen es *auf der Bühne sterben*.

James tritt zweimal in der Woche in einem Club in Manhattan auf. Ich habe mir seine Show angesehen. Er ist tatsächlich lustig. Und wenn Sie wissen wollen, was Mut ist: Um seinen Einzeilern den letzten Schliff zu geben, fuhr er vor Kurzem in Begleitung eines Filmteams in der U-Bahn und inszenierte zwischen der 28th Street und der Brooklyn Bridge an jeder Station einen kleinen Auftritt.

Wie ist das nur möglich?

Ich glaube, die Antwort zu kennen. James ist bereits gestorben, und zwar nicht einmal, sondern mehrere Male. Er hat alles verloren, es aus dem Nichts wieder aufgebaut, wieder alles verloren und ein weiteres Mal aufgebaut. Er hat sich so oft neu erfunden, dass man ihn als Katze mit *siebenundsiebzig* Leben bezeichnen könnte.

Hier ist eines seiner Geheimnisse: Er unterwirft sich einer täglichen Disziplin und hakt eine mentale Checkliste ab, auf der folgender Punkt steht: »Die Verantwortung für alles übernehmen, was mir geschieht.« Er erlaubt sich nicht, irgendjemanden oder irgendetwas für seine Fehlschläge verantwortlich zu machen, sondern ist der Eigentümer seines Lebens, seiner Umstände, der Art und Weise, wie er es gestaltet hat – und fragt sich: »In Ordnung, und was jetzt?«

Ich habe diesem Kapitel ein berühmtes Zitat des Lakota-Häuptlings Crazy Horse vorangestellt, der seine Krieger zum Sieg in der Schlacht am Little Bighorn führte: »Heute ist ein guter Tag zum Sterben.« Warum? Weil die Sonne am Himmel steht, weil ich die fruchtbare Erde unter den Füßen habe und klare Luft in meine Lungen sauge. Ich lebe im gegenwärtigen Augenblick, was bedeutet, dass ich in der Ewigkeit verwurzelt bin. Ich bedaure das Vergangene nicht und sorge mich nicht um die Zukunft. Sonne, Erde, Luft: nur das Leben, wie es ist. Es ist ein so guter Tag zum Sterben wie jeder andere.

Sterben Sie oft

Wir haben also über den Tod gesprochen. Aber wir sollten *wirklich* darüber sprechen. Legen wir die Karten auf den Tisch.

Sie werden sterben.

Daran ist nichts zu ändern. Sie werden sterben, und Sie wissen es. Wir alle wissen das – zumindest theoretisch. Aber solange wir es nicht *wirklich* wissen, mit jeder Faser unseres Leibes, mit jedem Atemzug, solange unser Tod nicht real ist und unsere Endlichkeit eine konkrete, allgegenwärtige, spürbare Tatsache ist, wird er unbemerkt lauern, uns Drohungen zuflüstern und uns aus dem Schatten verhöhnen. Solange er nicht real ist, beherrscht er uns. Damit wir ein erfülltes Leben führen können, muss es umgekehrt sein.

Wir müssen unseren Tod beherrschen.

Warum? Das ist eine berechtigte Frage. Wenn der Tod erst am Ende kommt, warum sollten wir uns dann heute Gedanken darüber machen, wie wir ihm begegnen sollen, wenn er schließlich kommt?

Die Antwort ist, dass der Tod nicht erst am Ende kommt. Er begleitet uns ab dem Augenblick unserer Geburt. Er kreist auch im gegenwärtigen Augenblick über unseren Köpfen.

Und ist nicht eben das der Kern vieler unserer großen Ängste? Nicht nur der offenkundigen, der Angst vor Höhen, vor dem Fliegen, vor der Dunkelheit, sondern vieler anderer, die anscheinend in keinem direkten Zusammenhang mit dem Tod stehen.

Zuvor habe ich die Frage aufgeworfen, wovor wir eigentlich Angst haben, wenn wir uns vor Auftritten vor Publikum fürchten. Welche Gefahr droht uns in einer solchen Situation? Das Schlimmste, was uns passieren kann, ist, dass wir uns lächerlich machen. Wie John Cleese sagt: »Es ist das Ziel jedes wahren Engländers, es bis ins Grab zu schaffen, ohne sich ein einziges Mal zu blamieren.« Aber ist das nicht ein Widerhall unseres bevorstehenden Abgangs? »Auf der Bühne zu sterben« bedeutet nicht, tatsächlich zu sterben, aber es ist ein Tod: ein Tod unseres Selbstbilds, unserer Selbstachtung, unseres Egos, unseres Gefühls der Sicherheit und unserer Identität.

»Auch das scheinbar [...] zwanghafte Bedürfnis, [...] Recht behalten zu wollen«, schreibt Eckhart Tolle in *Jetzt! Die Kraft der Gegenwart*, »[...] gründet auf der Angst vor dem Tod.« Und was ist die Besessenheit vom Rechthaben anderes als eine obsessive Angst davor, im Unrecht zu sein? In meinen Augen ist die Fähigkeit, Irrtümer einzugestehen, Voraussetzung für ein Leben als reifer, erwachsener Mensch. Um einzugestehen, dass man im Unrecht ist, muss man bereit sein, ein wenig zu sterben.

Als ich Hurricane gründete, verriet mir ein vermögender Freund etwas über Investitionen: Man sollte immer nur den Betrag investieren, den man zu verlieren bereit ist. Ich glaube, man kann kein wirklich erfolgreicher Unternehmer sein, wenn man nicht wie James Altucher bereit ist, *alles* zu verlieren. Es ist kein Zufall, dass Millionäre im Durchschnitt drei oder vier Bankrotte hinter sich haben.

In der Armee gibt es eine Redensart: Wer sich zum Militärdienst meldet, stellt den Vereinigten Staaten einen Blankoscheck über einen Betrag aus, der sein Leben einschließt. Und darum geht es in der Ausbildung von Spezialeinheiten: Du wirst ein ums andere Mal mit deiner Sterblichkeit konfrontiert. Du stirbst Dutzende Male und machst jedes Mal weiter in dem Wissen, dass du eines schönen Tages sterben wirst und tot bleiben wirst – und dass du bis zu diesem Tag *lebendig* bist.

Um die Angst zu bewältigen, müssen Sie sich von der Illusion der Sicherheit lösen. Das bedeutet, dass Sie sich von der Illusion der Unsterblichkeit lösen müssen. Die Wahrheit ist, dass Sie irgendwann sterben werden, und da Sie nicht wissen, wann es so weit ist, müssen Sie in diesem Augenblick bereit sein – damit Sie tief einatmen und *leben* können.

Mit »oft sterben« meine ich, dass Sie sich angewöhnen sollten, alles, was Sie gerade tun, für einen Augenblick zu unterbrechen und sich zu fragen: »Wäre ich zufrieden mit meinem Leben, wenn ich jetzt, in dieser Minute sterben würde?«

Wenn wir ehrlich sind, wird die Antwort auf diese Frage oft »Nein!« sein. Denn es gibt zu viele Probleme, die wir noch nicht gelöst, zu viele Vorhaben, die wir noch nicht verwirklicht haben, zu viele Träume, denen wir noch nicht nachgelaufen sind, zu viele Fragen, die wir noch nicht beantwortet haben oder die wir noch nicht ergründen konnten. Wir sind mit unserer nicht bewältigten Vergangenheit und unserer ungewissen Zukunft beschäftigt. Wir sind wie der heilige Augustinus, der als junger Mann zu Gott flehte: »Gib mir Keuschheit und Enthaltsamkeit, doch nicht sogleich!«

Wenn Sie Ihre Ängste bewältigen, werden Sie feststellen, dass Sie wie Crazy Horse auf die Frage, ob Sie mit Ihrem Leben im Reinen wären, wenn Sie heute sterben würden, die ehrliche Antwort geben können: »Ja. Es ist nicht meine Absicht, aber wenn ich jetzt, in diesem Augenblick sterben müsste, wäre ich zufrieden mit meinem Leben.«

Und dann werden Sie hinzufügen: »Bis es so weit ist, werde ich leben!«

In der Praxis

Sobald Sie sich so gut wie möglich vorbereitet haben, ist es an der Zeit, alle Krücken, Beschränkungen oder Sicherheitspolster, an denen Sie sich bisher festgeklammert haben, loszulassen und den Sprung zu wagen. Sie müssen die Kontrolle aufgeben, sich vom Schürzenzipfel lösen, die Stützräder abmontieren. Lassen Sie die Kokosnuss los.

Wenn sich eine Gelegenheit bietet, greifen Sie zu.

- Bleiben Sie nicht in endlosen Vorbereitungen stecken. Machen Sie sich bewusst, dass Übung und Einstudieren nur bis zu einem bestimmten Punkt nützlich sind. Lassen Sie nicht zu, dass »Ich muss mich noch richtig vorbereiten« zu einer Ausrede für die Unterlassung konkreter Schritte wird, wenn sich eine Gelegenheit bietet. Sie werden *nie* vollkommen »bereit« sein.
- Ignorieren Sie das Störfeuer, egal, ob es von Ihnen selbst, Ihren Freunden oder Ihren Feinden kommt. Beantworten Sie es nicht, sondern ignorieren Sie es einfach.

Verlassen Sie die Echokammer.

- Analysieren Sie Ihre Angst. Fürchten Sie sich vor einer konkreten Herausforderung im Hier und Jetzt, oder reagieren Sie auf Ereignisse, die längst vergangen sind? Betreiben Sie Schattenboxen mit der Vergangenheit?
- Wenn Sie sich vor einer klaren, tatsächlichen Gefahr fürchten, müssen Sie *den Schalter umlegen* und sich auf die positiven Schritte konzentrieren, die Sie tun können, um der Herausforderung zu begegnen.
- Wenn Sie auf Echos der Vergangenheit reagieren, müssen Sie diese identifizieren – halten Sie sie schriftlich fest –, um sich von ihnen lösen zu können. Konzentrieren Sie sich anschließend auf positive Schritte. Lassen Sie die Vergangenheit ruhen, lassen Sie die Zukunft Zukunft sein, und widmen Sie sich der Gegenwart.

Finden Sie sich mit Ihrer Sterblichkeit ab.

- Befreien Sie sich von der Illusion von Sicherheit, Gewissheit, Identität, Ego und Unsterblichkeit.
- Stellen Sie sich vor, Ihr Leben wäre in diesem Augenblick plötzlich vorüber. Ihr Bewusstsein schwebt über Ihrer Leiche und beurteilt die Situation. Was empfinden Sie? Sind Sie im Grunde zufrieden mit dem Leben, das Sie geführt haben? Oder bereuen Sie einige Dinge? Welche Dinge sind das?
- Wenn Sie in Ihr wirkliches Leben in diesem Augenblick zurückkehren, was können Sie tun, um die Fehler zu korrigieren, die Sie bereuen?
- Wiederholen Sie diese Übung so oft, bis Sie den Punkt erreichen, an dem Sie sagen können: Ja, wenn ich heute, wenn ich in diesem Augenblick sterben würde, könnte ich auf mein Leben zurückblicken und sagen: *Ich bin zufrieden*.

4

ABSPRUNG

»Optimismus, Pessimismus, zum Teufel damit: Wir werden es schaffen.«

Elon Musk über sein Vorhaben, eine Rakete ins Weltall zu schicken

Auf welcher Reise Sie sich auch immer befinden, es kommt ein Punkt, an dem Sie die Leinen losmachen und auslaufen müssen. Unterschreiben Sie den Vertrag, machen Sie die Ankündigung, lösen Sie die Beziehung zu dem Partner, der Ihnen schadet. Wie auch immer Ihre Situation ist: Indem sie handeln, überschreiten Sie den Punkt, an dem es keine Umkehr gibt. Der Sekundenzeiger springt auf zwölf, der Wecker geht los. Jetzt ist der Zeitpunkt, um zu springen, und Sie können nur eines tun.

Springen Sie.

Sie können sich nicht durch Überlegung dazu bewegen, den Sprung zu wagen, und es gibt keine Methode, um den Sprung Schritt für Schritt zu bewältigen. Sie können den Sprung nicht intellektuell bewältigen. Die Panik entsteht im Hirnstamm, und Sie können Ihren Hirnstamm nicht mit Argumenten überzeugen. Hier müssen Sie sich auf Ihre Intuition verlassen. Sie müssen handeln.

Wenn Sie darauf warten, dass die Angst verfliegt, werden Sie es nie schaffen. Denn die Angst wird nie weggehen. Es kommt jedoch ein Moment, in dem die Angst zu einem klaren Gebilde kristallisiert. In dem sie plötzlich einen Weg sehen, wie ein Stürmer beim Fußball, der eine Lücke in der gegnerischen Verteidigungslinie sieht, durch die er den Ball in Richtung Tor bringen kann, oder wie ein Comedian, der die plötzliche Stille hört, die wenige Sekunden, bevor sich der Vorhang öffnet, im Zuschauerraum eintritt.

In diesem Augenblick sammelt sich das ganze Universum um uns und flüstert uns ins Ohr: »Es ist Zeit.« Und es gibt uns einen kleinen Schubs.

Eine meiner schwierigsten Begegnungen mit der Angst hatte ich in 4000 Metern Höhe, als ich den Befehl erhielt, aus dem Flugzeug zu springen.

Es war im Jahr 2004. Ich hatte bereits zwei Einsätze hinter mir, darunter sechs Monate in Afghanistan unmittelbar nach 9/11. Mittlerweile war ich wieder daheim und leitete gemeinsam mit Eric Davis die Scharfschützenausbildung bei den SEALs. Aufgrund eines Planungsfehlers hatte ich in meiner ursprünglichen SEAL-Ausbildung vor Jahren ein wesentliches Trainingselement verpasst: Einen Fallschirmsprung aus großer Höhe, auch bekannt als »Military Freefall«.

Das hätte kein Problem für mich sein können. Ich hatte schon als Kind diesen angeborenen Wagemut besessen, der allen Elitesoldaten im Blut zu liegen scheint. Unentwegt kletterte ich, sprang aus großer Höhe herab, tat furchtbar riskante Dinge und machte meiner Mutter mit meiner Liebe zur Gefahr sehr zu schaffen. Einmal geriet sie in dem Bemühen, mich zu bändigen und vor meiner Wildheit zu schützen, derart in Rage, dass sie das Jugendamt anrief und der Beraterin sagte, ihr zwölfjähriger Sohn treibe sie in den Wahnsinn und sie befürchte, sie werde die Beherrschung verlieren und ihn verletzen. Tut mir leid, Mom, aber ich musste das erzählen.

Dazu kam, dass ich es *liebte*, in der Luft zu sein. Solange ich zurückdenken konnte, hatte ich davon geträumt, Pilot zu werden. Eine meiner frühesten Erinnerungen ist, dass meine Mutter meinen Vater zwang, mit mir ins Kino zu gehen, um *Star Wars* zu sehen. Damals war ich erst drei Jahre alt. Mein Vater hielt das für »Science-Fiction-Mist« und wollte nichts damit zu tun haben. Aber nachdem er sich den Film notgedrungen mit mir angesehen hatte, schaute er ihn sich noch fünf weitere Male an. Nichts zu danken, Dad! Im Jahr 2004 besuchte ich einen Kurs an der Embry-Riddle Aeronautical University, und bald hatte ich meinen Flugschein in der Tasche.

Wo lag also das Problem?

Das Problem war, dass ich bei Sprüngen aus großer Höhe eine schlechte Erfahrung gemacht hatte. In der Scharfschützenausbildung bei den SEALs hatte ich im Jahr 2000 einen Kameraden namens Mike Bearden gehabt, zu dem wir alle aufschauten. Er war einer der nettesten Kerle, denen ich je begegnet bin, und er brachte in jeder Übung Höchstleistungen und sprengte alle Maßstäbe. Wir nannten ihn »den Bären«. Wenige Wochen nach dem Ende des Scharfschützenkurses begann Mike das Military-Freefall-Training, wo er in 3000 bis 4000 Metern Höhe aus dem Flugzeug sprang. An einem der letzten Tage des Kurses wurde der schlimmste Albtraum jedes Militärausbilders für den Bären Wirklichkeit: Sein Hauptschirm verwickelte sich mit dem Reserveschirm. Er kämpfte den ganzen Weg bis zum Boden.

Seitdem waren vier Jahre vergangen, und ich hatte einige Kampferfahrung gesammelt. Aber Beardens Tod hatte bei mir eine tief verwurzelte Angst geweckt, die mich begleitete, bis ich mich ihr endlich stellte.

Ich wusste, dass es nur der Hamster im Rad war, die Geschichte, die ich nicht aus dem Kopf bekommen konnte. Aber ich bildete mir diese Geschichte ja nicht nur ein: Wir alle hatten Bearden verehrt, und zwar nicht nur als herausragenden Soldaten, sondern auch als herausragenden Menschen. Wenn es jemanden gab, der einen frühen Tod nicht verdient hatte, so war es Mike.

Aber es war passiert. Und wenn es Mike passiert war, wieso konnte es dann nicht auch mir passieren?

All das ging mir durch den Kopf, als unsere kleine zweimotorige Maschine auf 4000 Meter stieg. Ich war bereit, schärfte ich mir ein. Ich hatte dafür trainiert. Ich hatte zahlreiche Sprünge aus geringer Höhe hinter mir. Ich wusste, was zu tun war.

Und trotzdem.

Einer meiner Kameraden sah, wie sich die Ladeluke öffnete, setzte sich wieder hin und nahm eine verkrampfte Trotzhaltung ein. »Zur Hölle mit diesem Scheiß«, sagte er. Als ich an ihm vorbeiging und an die offene Luke trat, fragte ich mich, was ihm wohl durch den Kopf ging. Hatte er sich vielleicht nicht *wirklich entschieden*, wie so viele frühere Kameraden, die den BUD/S-Kurs abgebrochen hatten? Wiederholte er in seiner Echokammer eine dunkle Erinnerung? Ich würde es nie erfahren. Was auch immer der Grund war, ein Blick in sein Gesicht verriet mir, dass ihn die Angst überwältigt und zu Boden gezwungen hatte. Er würde heute nicht mehr springen. Und wahrscheinlich würde er nie mehr springen.

Ich fühlte, dass die Angst auch mich packte, aber anstatt zuzulassen, dass sie mich lähmte, packte ich sie und verwandelte sie in meine Kraft. Denn ich war bereit. Ich hatte mich entschieden. Ich hatte mich vorbereitet. Und ich hatte die Kokosnuss losgelassen.

Ich sprang.

Machen Sie es sich zur Gewohnheit, sich zu fragen, was Sie wirklich wollen

Natürlich ist der »Sprung« nicht immer so dramatisch wie ein Sprung aus einem Flugzeug, das vier Kilometer über der Erde kreist. Manchmal besteht der Sprung einfach darin, um Hilfe zu bitten.

Vor Kurzem unterhielt ich mich mit einem Uber-Fahrer, der mich zum Flughafen brachte. Ich fragte ihn, wie ihm seine Arbeit gefiel, und er begann mir alles darüber zu erzählen. Er wollte kein Uber-Fahrer sein; es gab so viele andere Dinge, die er tun wollte. Er hatte so viele gute Ideen. Aber da gab es dieses Problem, und diese Markteintrittsbarriere und verschiedene andere Dinge, die ihm im Weg standen. Er konnte dies nicht tun, er konnte jenes nicht tun. Ich schaltete ab, als er ins Detail ging, aber die Botschaft war klar: *Ich komme nicht voran, aber es ist nicht meine Schuld.*

»Sagen Sie«, unterbrach ich ihn, »haben Sie schon einmal von der SBA gehört?«

Er hatte keine Ahnung, was das war.

Ich erzählte ihm von der Small Business Administration, einer staatlichen Einrichtung, die potenziellen Unternehmensgründern, die in einer ähnlichen Lage wie er waren, mit zinsgünstigen Krediten unter die Arme greift. Ich erklärte ihm, wie er mit einem dieser Kredite ein Unternehmen kaufen oder gründen und im Handumdrehen auf eigenen Füßen stehen konnte.

»Meine Güte!«, sagte er. »Das hört sich toll an! Wie heißt es noch mal? Kann ich Ihnen eine E-Mail schreiben? Kann ich mich wegen der Details an Sie wenden?«

Ich muss zugeben, dass ich nie ein besonders geduldiger Mensch gewesen bin. Ich bemühe mich, das zu ändern. Einmal sagte Tony Robbins' Sohn Jairek zu mir: »Wissen Sie, man sollte Anfängern ein bisschen Zeit geben. Schließlich waren wir selbst einmal Anfänger. Man sollte Zeit mit Leuten verbringen, die auf derselben Wellenlänge sind, aber man sollte sich auch zwingen, jenen Leuten, die am Anfang stehen und wissbegierig sind, ein bisschen Zeit zu widmen. Das ist eine gute Mischung.«

Das schien mir ein guter Rat zu sein. Daher wollte ich diesem Uber-Fahrer helfen. Er war offensichtlich intelligent, und es war klar, dass er ehrgeizig war und verschiedenste Ideen hatte, um im Leben voranzukommen. Es gab keinen Grund, warum er nicht erfolgreich sein sollte. Und es gab keinen Grund, warum ich ihm nicht dabei helfen sollte.

Ich kramte meine Visitenkarte hervor und gab sie ihm. Ich erklärte ihm, wie er mich erreichen konnte. Ich sagte ihm, er solle mich beim Wort nehmen, und ich würde ihm helfen, sein Vorhaben zu verwirklichen.

Er nahm die Karte und bedankte sich überschwänglich.

Und was tat er?

Nichts.

Ich hörte nie wieder von ihm. Kein Wort. Wie oft habe ich diese Erfahrung gemacht? Sehr oft.

Es kommt der Moment, da stehen Sie genau am Abgrund und sehen unter sich das, was Sie sich wünschen. Das Einzige, was Sie tun müssen, der einzige Sprung, der jetzt von ihnen verlangt wird, besteht darin zu fragen. Sie müssen nicht aus einem Flugzeug oder von einer Klippe springen, Sie müssen nicht mitten in der pechschwarzen Nacht zum Meeresgrund hinab tauchen. Sie müssen nicht in einem gut gefüllten Saal auf die Bühne gehen und Stand-up-Comedy machen, und Sie müssen auch nicht vor einem Live-Publikum von drei Millionen Menschen sprechen. Das Einzige, was Sie tun müssen, ist Folgendes. Sie müssen sagen: »Ich will das tun. Helfen Sie mir?«

Aber die meisten Menschen fragen nicht. Sie stehen stumm vor der Tür und warten darauf, dass sie sich öffnet, aber sie klopfen nicht an. Es ist eine Tragödie. Und das geschieht jeden Tag Millionen Male, an jedem Ort der Welt.

Dieser Augenblick vor der Tür ist einer von Kamals gelben Pfeilen, der den Weg weist: »Hier entlang. Hier entlang …« Aber anstatt dem Hinweis zu folgen, warten viele Menschen darauf, dass eine Ampel auf Grün schaltet. Aber die Ampel wird nicht auf Grün schalten. *Sie* müssen auf Grün schalten.

Dass ich nie mehr von jenem Uber-Fahrer hörte, machte mich traurig, denn ich hatte das Gefühl, dass er nicht zum ersten Mal in dieser Situation war – und dass es nicht das letzte Mal war. Denn gleichgültig, ob Sie den Sprung wagen oder davor zurückschrecken, Ihre Reaktion wird leicht zur Gewohnheit. Ob Sie nun an die Tür klopfen oder nicht, ob Sie die Nummer auf der Visitenkarte anrufen oder sie im Handschuhfach verstauben lassen: Wenn Sie den Punkt erreichen, an dem Sie springen müssten, ist Ihre Reaktion bereits in Ihr Verhaltensmuster eingebrannt. Im Lauf der Zeit machen uns unsere Verhaltensmuster *zu dem, was wir sind*. Bevor wir uns versehen, wird aus einer Gewohnheit, zu handeln oder untätig zu bleiben, ein Leben voll aufregender Erfahrungen oder voll Enttäuschungen, ein außergewöhnliches oder mittelmäßiges Leben, ein von großen Leistungen geprägtes Leben oder eine bloße Existenz.

Ob Sie sich nun trauen zu fragen oder ob Sie davor zurückschrecken: Sie gewöhnen sich daran, sich so oder so zu verhalten.

Mein Freund Jerry Yellin, der Weltkriegspilot, erzählte mir eine fantastische Geschichte, die das genaue Gegenteil der Geschichte jenes Uber-Fahrers ist: Als Jerry mit achtzehn Jahren seine Aufnahmeprüfung bei der Armee machte, bestand er den Intelligenztest problemlos, aber er fiel durch die körperliche Musterung. Das Problem war, dass er auf einem Auge stark kurzsichtig war. Er bat seine Mutter, die im örtlichen Rekrutierungsgremium saß, ihm eine Kopie der Sehprobentafel zu beschaffen. Er lernte die Tafel auswendig, trat erneut zum Sehtest an und bestand ihn.

Er absolvierte die Grundausbildung, absolvierte zehn Flugstunden in einer P-40, beschaffte sich seine Uniform und war startklar. Nun musste er nur noch die abschließende Eignungsprüfung bestehen. Doch als er zum Sehtest antrat, musste er feststellen, dass die Probentafel geändert worden war. Er fiel durch. Doch der Arzt sagte ihm, dass er ihn aufgrund seiner ausgezeichneten Leistungen in der Ausbildung trotzdem durch die Prüfung lassen würde. Er würde Transportmaschinen fliegen.

»Sir«, sagte Jerry. »Ich bin ein Kampfpilot. Ich habe zehn Stunden in einer P-40 hinter mir und werde keine Transportmaschinen fliegen.«

Der Arzt antwortete: »Sie werden alles fliegen, was ich Ihnen erlaube.«

Jerry fragte: »Wer kann das ändern?«

»Der für die Kadetten zuständige Kommandeur«, antwortete der Arzt.

»Wie kann ich mich an ihn wenden?«

»Sie werden die Befehlskette abklappern müssen.«

»Was bedeutet das?«

»Es bedeutet, dass Sie zunächst mich fragen müssen.«

»Sir«, sagte Jerry, »ich will mit dem Kommandeur der Kadetten sprechen.«

Im Handumdrehen stand er in einem Büro vor dem Kommandeur und salutierte. Nachdem er dem Offizier seine Situation erläutert hatte, sagte der Kommandeur: »Mein Sohn, Sie haben den Mut aufgebracht, sich an mich zu wenden. Sie sind jetzt ein Kampfpilot.«

Wenn Sie etwas erreichen wollen, müssen Sie sich an die Person wenden, die entscheiden kann – und fragen.

Diese Erfahrung machte ich viele Male im Militär. Als ich mich im SEAL-Programm eintragen wollte, lehnte der zuständige Offizier meinen Aufnahmeantrag ab. Als ich es sechs Monate später erneut versuchte, wollte mir der Mann erneut einen Strich durch die Rechnung machen. Diesmal wandte ich mich direkt an seinen Vorgesetzten. Mein Antrag wurde bewilligt. Als Eric und ich Jahre später das Scharfschützenprogramm leiteten, sabotierte unser Vorgesetzter unsere Arbeit und richtete erheblichen Schaden an. Also wandte ich mich über seinen Kopf hinweg an den für das Naval Special Warfare Center verantwortlichen Kommandeur, obwohl mir klar war, dass ich damit meine militärische Karriere aufs Spiel setzte. Am nächsten Tag war unser Vorgesetzter abgesetzt, und ich übernahm die Leitung. Manchmal muss man das Risiko auf sich nehmen und das fordern, was man will.

Wird man immer bekommen, wonach man fragt? Natürlich nicht. Aber wenn man nicht fragt, ist die Chance, dass man es bekommen wird, sehr gering. Und auch wenn man eine abschlägige Antwort erhält, trainiert man durch die Frage seine *Absprung*-Muskeln. Man wird eine andere Person.

Und man muss kein Pilot oder SEAL sein, um das zu tun. Ein dreizehnjähriges Mädchen kann es tun. Ich weiß das, weil ich es gesehen habe.

Meine Tochter wollte in der Junior-Highschool aus einem ihrer Schulfächer aussteigen. Es war nicht so, dass sie eine Abneigung gegen das Fach hatte, aber sie hielt es für eine Zeitverschwendung. Sie beschwerte sich nicht bei ihren Klassenkameraden oder ihren Eltern darüber. Stattdessen wandte sie sich per E-Mail direkt an den Schuldirektor, teilte ihm mit, auf welches Fach sie aus welchen Gründen verzichten wolle, und erklärte ihm, welches Fach ihr nützlicher schien.

»Das ist das Fach, das ich mir ausgesucht habe«, schrieb sie, »und ich glaube, ich sollte es belegen.«

Im folgenden Semester durfte sie dieses Fach belegen.

Wo hatte sie gelernt, so vorzugehen? Ich hatte es ihr beigebracht. Das schärfe ich meinen Kindern wieder und wieder ein: Wenn du etwas willst, musst du danach fragen. Niemand wird es für dich tun.

Allerdings hätte ich selbst im achten Schuljahr nicht den Schneid gehabt, zu tun, was meine Tochter getan hatte.

Vor einiger Zeit warteten wir am Flughafen von Portland auf den Flug, der uns zur Hochzeit meines Vaters bringen sollte. Als wir im Flughafenrestaurant beim Essen saßen, sagte mein jüngerer Sohn Grayson: »Schau mal! Das da ist mein Lieblingsspieler!« Wir schauten in die Richtung, in die er zeigte, und sahen die Fußballmannschaft der Portland Timbers, die um mehrere Tische saßen. Die Timbers sind im Nordwesten der USA eine große Attraktion. Grayson erstarrte in Ehrfurcht.

Ich lehnte mich zurück und verfolgte das Gespräch zwischen meinen Kindern.

»Grayson«, sagte sein älterer Bruder Hunter, »das kannst du dir nicht entgehen lassen. Wenn du es willst, musst du danach fragen.«

»Ich begleite dich«, sagte seine Schwester Olivia, »aber fragen musst du selbst.«

An diesem Punkt mischte ich mich ein: »Schau mal, Grayson, du tust, was du willst. Aber solche Gelegenheiten bieten sich nicht sehr oft.«

Er stand auf, ging zum ersten Tisch hinüber und fragte. Die ganze Mannschaft erhob sich und nahm Aufstellung für ein großes Gruppenfoto mit Grayson. Das Lächeln im Gesicht meines Sohnes werde ich nie vergessen. Es war unglaublich zu beobachten, wie ihn seine Geschwister antrieben und wie er aufstand, um es tatsächlich zu wagen.

Jetzt stoße ich Sie an: Gehen Sie los und fragen Sie danach.

Vertrauen Sie dem Abgrund

Wir haben Angst vor dem Sprung, weil wir dabei die Kontrolle aufgeben und uns den Elementen anvertrauen. Ob wir nun aus einem Flugzeug springen, einen Job aufgeben, einen Vertrag unterschreiben oder dort in den Pool hüpfen, wo wir nicht mehr stehen können: Wir haben das Gefühl, über eine Klippe zu gehen und in einen Abgrund zu stürzen. Das kann beängstigend sein.

Aber wenn wir einmal losgesprungen sind, geschieht etwas Verblüffendes. Die Entscheidung gibt uns den Mut, aber der Sprung gibt uns die Macht. Wir entdecken Fähigkeiten an uns, die in hundert Jahren nicht zutage getreten wären, wenn wir an der Kante stehen geblieben wären.

Es fühlt sich ein bisschen so an, als beträten wir einen vollkommen dunklen Raum und schlössen die Tür hinter uns. Finsternis. Wir fühlen uns vollkommen machtlos und haben keinerlei Kontrolle mehr über die Situation. Aber wir sind nicht machtlos, wir haben die Kontrolle nicht verloren – denn so dunkel der Raum auch scheinen mag, in Wahrheit gibt es dort irgendwo einen Flecken Licht. Unsere Aufgabe ist es, dieses Licht zu finden und ihm zu vertrauen.

Wir können noch so viel planen, üben und einstudieren – es kommt immer ein Augenblick, in dem wir loslassen und uns mit Vertrauen in unsere Fähigkeiten in den Abgrund stürzen müssen, wo die Dinge ihren Lauf nehmen werden, auf den uns alles Training der Welt nicht vorbereiten kann. Wenn wir springen, stürzen wir in die Tiefe, und es ist kein Ende zu sehen. Wir wissen nicht, wann wir wieder festen Boden unter den Füßen haben werden. Es ist eine Frage des Glaubens.

Keine Sorge, ich habe nicht vor, Ihnen mit der Religion zu kommen. Das hier hat nichts mit Gott oder irgendeiner Form von Spiritualität zu tun. Aber mit dem Glauben hat es zu tun. Ohne Glauben kann man nicht springen. Aber Glaube an was?

Zunächst einmal können Sie an ihre Vorbereitung glauben. Sie können darauf vertrauen, dass Ihre Lehrer sie gut vorbereitet haben. Sie können an sich selbst glauben. Sie sind bereit. Und ja, wenn Sie wollen, können Sie an Gott glauben, an das Karma, an ein Ergebnis, das der Menschheit dienen wird. Was immer es ist, finden Sie es und halten Sie daran fest.

Manchmal ist das Einzige, an das Sie sich klammern können, das Vertrauen in Ihre Entscheidung. Ein ausgezeichnetes Beispiel dafür liefert die Börse. Dass die meisten Leute nicht in der Lage sind, an der Börse reich zu werden, liegt vor allem daran, dass Sie den Blick in den Abgrund nicht ertragen können. Wenn die Kurse abstürzen, geraten sie in Panik und verkaufen. Aber genau in dieser Situation sollten sie bei der Stange bleiben und darauf vertrauen, dass ihre Entscheidung, diese Aktie zu kaufen, richtig war! Natürlich ist es beängstigend, wenn die Aktienkurse abstürzen. Aber dies ist nicht der Zeitpunkt zum *Verkaufen*. Es ist der Zeitpunkt zum *Kaufen*. Die vom Kurssturz geweckte Angst ist kein Alarmsignal, das Ihnen »Aussteigen! Aussteigen!« zuruft, sondern ein Hinweisschild, das »*Hier entlang, hier entlang!*« flüstert. Es weist Ihnen den Weg zur Belohnung.

Als Kamal in unserer ersten Schwimmstunde von Panik erfasst wurde, wollte er seine Aktien verkaufen und zum Beckenrand zurückschwimmen. Ich zeigte ihm, wie er Luft holen, sich auf den Rücken drehen und an der Oberfläche treiben konnte. Ich zeigte ihm, wie er die Freude wiederfinden konnte.

Auf dem Weg in den Abgrund, inmitten der Panik nach dem Sprung Vertrauen zu haben, bedeutet, die Freude zu finden.

Wenn Hemingway das Vertrauen in seine Fähigkeiten als Schriftsteller verlor, sagte er zu sich: »Du hast in der Vergangenheit geschrieben, du weißt, wie es geht, also setz dich hin und schreibe einen wahren Satz – nur einen wahren Satz.« Dann schrieb er einen Satz nieder. Der ungeschriebene Roman, der vor ihm lag, mochte ein beängstigender Abgrund sein, aber er richtete sich an dem einfachen Vorhaben auf, einen einzigen Satz zu schreiben. Und anschließend schrieb er einen weiteren Satz. *Pole, pole.* Einen Satz nach dem anderen – mit der Zuversicht, dass er die Geschichte finden würde, nachdem er einmal gesprungen war.

Nach vier Jahren in der Notaufnahme eines Krankenhauses an der Ostküste gab mein Freund Kamal seiner Karriere eine vollkommen andere Richtung und stürzte sich am anderen Ende des Kontinents im Silicon Valley in die Wagniskapitalbranche, wo er sich in der turbulenten Frühzeit des Internetbooms an einigen der aufregendsten neuen Unternehmen beteiligte.

In der Welt der Investments, erklärte mir Kamal, werden Start-ups so betrachtet: Man springt von einer Klippe und baut auf dem Weg nach unten ein Flugzeug. Kamal sieht es ein wenig anders: »Ich ziehe das Bild vor, dass dir auf dem Weg nach unten Flügel wachsen«, sagt er. »So war es jedes Mal, wenn in meinem Leben wunderbare Dinge geschahen. Ich sprang von einer Klippe, und manchmal fiel ich auch – und um ehrlich zu sein, habe ich mir auch ein paar Schrammen geholt. Aber ich kann dir sagen, dass dir mindestens in der Hälfte der Fälle Flügel wachsen. Und das ist das schönste Gefühl, das es gibt.«

Eine der besten Beschreibungen dieses Phänomens hat der schottische Bergsteiger William Murray gegeben, der im Zweiten Weltkrieg in der britischen Armee diente, im Jahr 1942 in deutsche Gefangenschaft geriet und die verbleibenden Kriegsjahre in Gefangenenlagern verbrachte. Wenn das kein Abgrund ist.

Während seiner Gefangenschaft begann Murray, ein Buch über seine Liebe zum Bergsteigen zu schreiben. Das einzige Papier, das ihm zur

Verfügung stand, war das raue Toilettenpapier im Lager. Die Gestapo entdeckte sein Manuskript und zerstörte es. Die Mangelernährung und die ungesunden Lebensbedingungen im Lager hatten Murray mittlerweile derart geschwächt, dass er bezweifelte, jemals wieder einen Berg besteigen zu können. Aber er konnte noch darüber schreiben. Zur Verblüffung seiner Mitgefangenen begann er, erneut methodisch Toilettenpapier zu sammeln und das Buch von Neuem zu schreiben.

Murray überlebte die Gefangenschaft, und im Jahr 1947 wurde sein Manuskript unter dem Titel *Mountaineering in Scotland* veröffentlicht. Das als Meisterwerk gefeierte Buch trug zu einer Renaissance des Bergsteigens nach dem Krieg bei. Und Murray kehrte in die Berge zurück. Im Jahr 1951 nahm er gemeinsam mit einem Mann namens Edmund Hillary als stellvertretender Expeditionsleiter an der Erkundung einer Route im Himalaya teil. Obwohl er mit der extrem dünnen Höhenluft nicht zurechtkam und nicht am letzten Stück des Aufstiegs teilnehmen konnte, half er dabei, den Weg zu Hillarys historischer Besteigung des Mount Everest im Jahr 1953 zu ebnen.

Einige Kriegsgefangene wurden durch die Lagerhaft seelisch gebrochen, andere starben. Murrays Entschlossenheit brachte ihn durch das Gefangenenlager und bis zum höchsten Punkt der Erde. Es gibt im Universum keine stärkere Kraft als einen entschlossenen Geist. In seinem 1951 erschienenen Buch *The Scottish Himalayan Expedition* schrieb Murray etwas, das zu einem populären Motivationszitat wurde:

> »Solange man nicht entschlossen ist und zögert, besteht die Möglichkeit des Rückzugs und der Tatenlosigkeit. Für jegliche Initiative (und jeden schöpferischen Akt) gilt eine grundlegende Wahrheit, deren Unkenntnis zahllose Ideen und wunderbare Vorhaben zunichtemacht: In dem Augenblick, indem man sich endgültig entscheidet, folgt auch die Vorsehung. Alle möglichen hilfreichen Dinge geschehen, die ansonsten nie geschehen wären. Aus der Entscheidung geht ein Strom von Ereignissen hervor, die verschiedenste unvorhergesehene Vorfälle und materielle Unterstützung mobilisieren, von denen man nicht zu träumen gewagt hätte.«

Indem Sie eine klare, unumstößliche Entscheidung fällen, verschaffen Sie sich Zugang zu Ressourcen, die Ihnen andernfalls vorenthalten geblieben wären. Mut ist eine davon, Kraft eine andere. Und dazu kommen die »unvorhergesehenen Vorfälle« und die »materielle Unterstützung«, von denen Murray spricht.

Wie ist das möglich? Ich weiß es nicht. Ich weiß nur, dass es so ist.

Kamal erklärt, dass uns auf dem Weg nach unten Flügel wachsen. Wie Murray gezeigt hat, wachsen sie auch auf dem Weg nach oben.

Lassen Sie sich von nichts aufhalten

Selbst wenn Sie das Gefühl haben, das Universum gebe Ihnen einen Stoß: Wenn der Zeitpunkt gekommen ist, den Sprung zu wagen, wird Ihre Umgebung Ihnen manchmal zurufen, dass Sie sich irren, dass Sie nicht bereit sind, dass Sie es nicht schaffen werden. Manchmal hat Ihre Umgebung recht. Aber manchmal hat sie nicht recht. Der Einzige, der das beurteilen kann, sind Sie.

Wie können Sie feststellen, ob Ihre Umgebung recht hat oder nicht? Wie können Sie wissen, wann der Impuls, den Sprung zu wagen, tatsächlich bedeutet, dass der richtige Zeitpunkt gekommen ist, dass Sie nicht einfach nur impulsiv sind?

Hier sind wir wieder bei dem Erfordernis, Ihrem Instinkt zu vertrauen. Es ist wichtig, dass Sie sich richtig vorbereiten, dass Sie auf die Stimme der Erfahrung hören, dass Sie bei jenen, die den Weg schon beschritten haben, Rat und Anleitung holen – aber wenn der Augenblick der Entscheidung gekommen ist, können Sie nicht auf die Fakten vertrauen, um darüber zu entscheiden, ob Sie springen sollen oder nicht. Sie müssen auf sich selbst vertrauen. Auch hier haben wir es mit einer Muskelgruppe zu tun, und die einzige Möglichkeit, Ihre Absprungfähigkeiten zu verbessern, besteht darin, diese Muskeln einzusetzen.

Denken Sie zurück an das letzte Mal, als Sie mit einer wegweisenden Entscheidung konfrontiert waren, mit einer Gabelung der Straße:

Sollten Sie springen oder einen Schritt zurücktreten? Was taten Sie in dieser Situation? Was sagten Ihnen die Leute in Ihrer Umgebung? War ihre Entscheidung rückblickend richtig? Sehen Sie sich an, was geschah, wann immer Sie entscheiden mussten, ob Sie handeln oder abwarten sollten. Lernen Sie aus Ihrer Erfahrung, damit Sie sich in Zukunft eher auf Ihre Intuition verlassen können, anstatt sich nach den Meinungen der Personen in Ihrer Umgebung richten zu müssen.

Im Mai 1927 schrieb ein junger Pilot namens Charles Lindbergh Geschichte und überquerte in seinem Eindecker den Atlantik. Natürlich wurde er zu einem amerikanischen Helden, dem mit einer Parade in New York ein begeisterter Empfang bereitet wurde. Die Zeitschrift *Time* kürte ihn zu ihrer ersten »Person des Jahres«.

Lindbergh inspirierte auch einen jungen Mechaniker namens Douglas Corrigan, der bei der Firma beschäftigt gewesen war, die Lindberghs Flugzeug gebaut hatte. Tatsächlich hatte Corrigan die Treibstofftanks und die Instrumententafel installiert und die Flügel montiert. Und der junge Mann wollte ebenfalls den Atlantik überqueren und in Irland landen, dem Heimatland seiner Eltern.

Doch er stieß auf mehrere Probleme. Zunächst einmal hatte er weder ein Flugzeug noch einen Pilotenschein. Und er hatte kein Geld. Also machte er den Flugschein und gründete ein Unternehmen, das Rundflüge anbot. Schließlich kaufte er sich einen kleinen Eindecker. Im Jahr 1935 beantragte er bei der Luftfahrtbehörde die Genehmigung seines Flugs nach Irland. Die Behörde verweigerte ihre Zustimmung, weil sein Flugzeug in ihren Augen nicht für eine Atlantiküberquerung geeignet war. Also überarbeitete Corrigan das Flugzeug, bemühte sich erneut um eine Genehmigung, die ihm erneut verweigert wurde. Er beantragte die Flugerlaubnis noch fünf weitere Male und wurde fünfmal weggeschickt.

Er bekam die Genehmigung nie. Aber davon ließ er sich nicht aufhalten.

Im Juli 1938 hob Corrigan bei dichtem Nebel in New York zu einem genehmigten Flug nach Kalifornien ab. Allerdings flog er in die andere Richtung. 18 Stunden später landete er in Dublin. Als ihn die Beamten der Flugsicherung verhörten, erzählte er ihnen, er habe im Nebel die Orientierung verloren und die Anzeige seines Kompasses falsch gelesen, weshalb er einfach in die falsche Richtung geflogen sei. Sie drehten ihn eine Weile durch die Mangel, aber er blieb bei seiner Darstellung. Schließlich sagte er schulterzuckend: »Das ist meine Geschichte.«

Bei seiner Rückkehr nach New York (er reiste mit dem Schiff) wurde er als Held gefeiert. Die *New York Post* begrüßte ihn mit einer spiegelverkehrt gedruckten Schlagzeile: »Gepriesen sei der Falschflieger Corrigan!« Bei einer Parade zu seinen Ehren säumten mehr als eine Million Menschen die Straßen Manhattans, sehr viel mehr als bei Lindberghs Empfang.

Der unbeugsame Flieger trug bis an sein Lebensende den Spitznamen »Wrong Way« Corrigan. Aber das lässt das Wesentliche außer Acht. Entscheidend ist in meinen Augen nicht, dass er das behördliche Verbot missachtete. Entscheidend ist, dass er sich durch nichts von seinem Entschluss abbringen ließ, den Ozean zu überqueren: Er stand auf der Klippe und hörte sich all die Begründungen dafür an, dass er nicht springen sollte. Und dann sprang er.

Lindbergh genoss finanzielle Unterstützung, hatte ein nagelneues Flugzeug, das in optimalem Zustand war, und bekam die Genehmigung der Behörden. Corrigan hatte nichts von alledem. Sein Flugzeug war ein Wrack, das er für einen Spottpreis erstanden hatte. Den Motor baute er aus zwei alten Wright-Motoren zusammen, und er montierte fünf zusätzliche Treibstofftanks an der Maschine, die ihm die Sicht versperrten. Einige Teile des Flugzeugs wurden von Bindedraht zusammengehalten. Während des Flugs über den Atlantik trat an seinem kleinen Flugzeug ein Treibstoffleck auf; er »behob« den Defekt, indem er mit einem Schraubenzieher ein Loch in den Boden des Cockpits bohrte, damit der Treibstoff abfließen konnte. So überquerte er den Atlantik.

So sieht es aus, wenn man an etwas glaubt.

Corrigans Geschichte veranschaulicht sehr schön den *Absprung*, aber ich erzähle sie hier auch aus einem persönlichen Grund. Vor Kurzem machte sich meine Mutter daran, unseren Familienstammbaum zu erforschen, und es stellte sich heraus, dass ihre Familie wie so viele andere amerikanische Familien vor einem Jahrhundert aus Europa eingewandert war. Ihre Urgroßmutter hatte einen Cousin, der Corrigan hieß.

Genau, es war *dieser* Corrigan.

Kamal ist überzeugt, dass jeder Mensch eine besondere Fähigkeit besitzt. »Deine besteht darin, die Dinge durchzuziehen«, sagt er zu mir. Ich war immer der Meinung, die Fähigkeit, eine Entscheidung zu fällen und mein Vorhaben dann ungeachtet aller Schwierigkeiten zu verwirklichen, von meinem Vater geerbt zu haben: *Wir segeln los.* Wie sich herausstellt, gibt es diese Eigenschaft auch auf der mütterlichen Seite der Familie.

Entscheiden Sie sich für das Leben

Ich habe Ihnen vom kolossalen Zusammenbruch meines Unternehmens im Jahr 2011, von der folgenden dunklen Zeit und davon erzählt, wie ich mich an meinen eigenen Haaren aus dem Sumpf zog. Aber eine Facette dieser Episode habe ich noch nicht erwähnt, und möglicherweise ist dies der wichtigste Bestandteil der Geschichte. Die Erfahrung lehrte mich etwas Faszinierendes über das Scheitern: Ich fand heraus, dass das Scheitern keineswegs das im Dunkeln lauernde Ungeheuer ist, vor dem ich mich so gefürchtet hatte. Tatsächlich war die Erfahrung dieses Fehlschlags Millionen wert.

Beim Aufbau von Wind Zero beschaffte ich mir 3,8 Millionen Dollar Kapital, verringerte meinen Eigenkapitalanteil auf 28 Prozent, lernte, meinen Betrieb auf Kredit zu finanzieren, fand heraus, wie Kapitalbeteiligungsgesellschaften und Wagniskapitalfirmen funktionieren, handelte den Kauf eines 400 Hektar großen Grundstücks aus und bewältigte einen komplexen Prozess zur Regelung der Besitzansprüche, der drei Jahre dauerte und Verhandlungen mit den örtlichen Behörden und

Politikern erforderlich machte, um die Genehmigung für das Projekt zu bekommen. Es stimmt, das Vorhaben geriet schließlich ins Stocken und scheiterte. Aber was für eine gute Schule ich durchlief! Ich absolvierte ein extrem hartes Studium in der geschäftlichen Ellbogengesellschaft und lernte viele Dinge, die ich auf der Wirtschaftsuni nie gelernt hatte. Schließlich wusste ich genug über das Geschäftsleben, um mich im Fall eines erneuten Fehlschlags am nächsten Tag um einen Kredit für Unternehmensgründer zu bewerben, einen Betrieb mit positivem Cashflow zu kaufen und nach zwei Tagen wieder im Geschäft zu sein.

Und ich lernte, dass die Angst vor dem Versagen in mancher Hinsicht eine Fassade ist, eine annehmliche Ausrede, die vertuscht, was in Wirklichkeit vor sich geht – und das, was tatsächlich passiert, kann leicht das Gegenteil dessen sein, was wir glauben. Wir tun etwas nicht, weil wir Angst vor den Folgen des Scheiterns haben – und wer wollte uns einen Vorwurf daraus machen? Aber Sie wären überrascht, wenn Sie wüssten, wie oft die scheinbare Angst vor dem Versagen in Wahrheit eine getarnte Angst vor dem Erfolg ist.

Natürlich wäre es ein Problem, wenn wir scheitern. Aber was, wenn wir *Erfolg haben*? Wäre das vielleicht auch ein Problem?

Ich hatte Angst davor, mein erstes Buch zu schreiben – nicht, weil ich glaubte, es könnte sich nicht verkaufen, sondern weil ich glaubte, dass es sich gut verkaufen würde. Ich fürchtete mich vor dem Urteil der Öffentlichkeit. Und wissen Sie was? Das Buch verkaufte sich gut, und die Öffentlichkeit urteilte über mich. Das ist Teil des Erfolgs. Es bereitete mir lange Zeit schlaflose Nächte. Aber das ist vorbei. Man muss einfach nur wissen, dass der Erfolg so wie der Misserfolg Belastungen mit sich bringt. Je öfter man ihn bewältigen muss, desto besser wird man darin. Jeder Triumph wird so wie jeder Fehlschlag ein Werkzeug, auf das wir beim nächsten Mal zurückgreifen können.

Theodore Roosevelt hielt einmal eine Rede, aus der ich bereits in zwei früheren Büchern (*The Killing School* und *Total Focus*) zitiert habe. Es lohnt sich, Roosevelt ein drittes Mal zu zitieren:

> »Nicht der Kritiker zählt, nicht derjenige, der darauf hinweist, wie der Starke stolpert oder was derjenige, der Leistungen vollbringt, besser hätte machen können. Die Anerkennung gebührt demjenigen, der tatsächlich in der Arena steht, dessen Gesicht von Staub und Schweiß und Blut verschmiert ist, der sich tapfer bemüht, der sich irrt, der wieder und wieder an Grenzen stößt, denn es gibt kein Bemühen ohne Fehler und Mängel, aber der tatsächlich danach strebt, die Taten zu vollbringen, der große Begeisterung und große Hingabe kennt, der sich für ein lohnendes Ziel opfert, der im besten Fall am Ende den Triumph der großen Leistung erlebt und im schlimmsten Fall an einem kühnen Vorhaben scheitert, so dass er nie zu den kalten und ängstlichen Seelen gehört, die weder Sieg noch Niederlage kennenlernen.«

Vor einigen Jahren machte die Sozialwissenschaftlerin Brené Brown eine neue Leserschaft mit diesem Zitat vertraut, als sie ein Buch mit dem Titel *Verletzlichkeit macht stark* veröffentlichte. Dieser Bestseller enthält eine Hommage an Theodore Roosevelt:

> »Wenn wir in unserem Leben darauf warten, irgendwann einmal perfekt oder unverwundbar zu sein, bevor wir in die Arena treten, opfern wir letztlich Beziehungen und Gelegenheiten, die vielleicht nie wiederkehren. Wir verschwenden unsere wertvolle Zeit im Jetzt und missachten unsere Gaben, jene einzigartigen Beiträge, die nur wir leisten können. Perfektion und Unverwundbarkeit zu erlangen ist ein verführerisches Ziel, aber im menschlichen Leben unrealistisch.«

Zahlreiche verbreitete Ängste gehen auf die Angst vor dem Unbekannten zurück. Diese Angst lauert hinter Vorurteilen und Intoleranz: Die Feindseligkeit ist ein Ausdruck der Angst. Angst vor dem Andersartigen, vor dem Unbekannten.

Aber was genau ist das?

Ich denke, die Angst vor dem Unbekannten geht Hand in Hand mit dem Festhalten am Bekannten und Vertrauten, an der annehmlichen

Routine. Sich dem Unbekannten zu stellen bedeutet, sich anpassen zu müssen, und das bedeutet, sich ändern zu müssen. Wachsen zu müssen.

In einem Wort: *Lebendig zu sein.*

In Kapitel 3 habe ich meine Überzeugung geäußert, dass viele unserer häufigsten Ängste Ausdruck der Angst vor dem Tod sind. Und der Gedanke daran zu sterben ist tatsächlich beängstigend, aber es gibt einen Gedanken, der für viele Menschen noch erschreckender ist: *Bis dahin werde ich lebendig sein.*

»Die Angst vor dem Tod entspringt der Angst vor dem Leben«, sagte Mark Twain. »Ein Mann, der sein Leben wirklich lebt, ist in jedem Augenblick bereit zu sterben.«

Die Angst vor dem Unbekannten ist überwältigend. Angesichts dieser Angst denkt sich der Mensch instinktiv eine Geschichte aus, die allem einen Sinn gibt. So investieren wir Zeit und Energie, um uns Geschichten zu erzählen, die vermutlich nicht vollkommen der Wahrheit entsprechen und uns oft einschränken. Jeder von uns kennt jemanden, der im Leben mehr erreicht haben sollte, wenn es nach seinen Fähigkeiten und Begabungen geht, der sich jedoch als Opfer des Lebens darstellt und diese Geschichte so verinnerlicht hat, dass sie zu einer sich selbst erfüllenden Prophezeiung geworden ist, zur Rechtfertigung von Selbstsabotage, Mittelmäßigkeit und chronischer Minderleistung. Angst vor dem Erfolg. Angst vor dem Leben.

Der Absprung ist ein Bekenntnis zum Leben.

Abzuspringen bedeutet zu leben.

In der Praxis

Sie können sich nicht durch rationale Überlegung dazu bewegen, diesen Schritt zu tun. Und Sie können nicht darauf warten, dass die Angst verfliegt oder dass Sie sich hundertprozentig bereit fühlen – denn dazu wird es nie kommen. Wenn der Augenblick gekommen ist, gibt es nur noch eins: Sie müssen handeln. Die Vorbereitung ist logisch, rational und methodisch. Der Absprung ist intuitiv.

Lassen Sie sich von nichts abhalten.

- Denken Sie an das letzte Mal zurück, als sie eine gewagte Entscheidung gefällt haben, dann jedoch zögerten. Stellten Sie Ihre Entscheidung infrage? Wie lange dauerte dieses Zögern? Lag es daran, dass Sie wirklich noch über die Entscheidung nachdachten – oder zögerten Sie einfach um des Zögerns willen?
- Denken Sie an das letzte Mal zurück, als Ihnen Ihre Intuition sagte, sie sollten ein Risiko eingehen, aber die Leute in Ihrer Umgebung sagten: »Tu das nicht!« Was taten Sie? War Ihre Entscheidung rückblickend richtig? Manchmal hat Ihre Umgebung recht, aber manchmal hat sie nicht recht. Nur Sie selbst können entscheiden.
- Nehmen Sie sich fest vor, beim nächsten Mal, wenn sich zwischen Entscheidung und Handeln ein Loch des Zögerns auftut, diese Verzögerung abzubrechen und einfach zu handeln. Wenn Sie wirklich nicht sicher sind und mehr Zeit brauchen, um über die Entscheidung nachzudenken, so treten Sie von der Kante zurück, steigen Sie vom Sprungturm herab und unternehmen Sie alle Schritte, die erforderlich sind, um zur Entscheidung zu gelangen. Aber sobald Ihr Entschluss feststeht, dürfen Sie sich den Luxus des unbegründeten Zögerns nicht länger erlauben. Springen Sie.

Machen Sie es sich zur Gewohnheit, sich zu fragen, was Sie wirklich wollen.

- Ob es nun um einen Karrieresprung, eine neue Tätigkeit, Unterstützung oder einen Gefallen geht: Fragen Sie nach dem, was Sie wollen. Warten Sie nicht darauf, dass die Ampel von rot auf grün springt. *Seien Sie* die grüne Ampel.
- Sie werden nicht immer bekommen, wonach Sie fragen, aber wenn Sie nicht fragen, sinken Ihre Chancen, es zu bekommen, beinahe auf null.
- Indem Sie es sich zur Gewohnheit machen zu fragen, werden Sie zu einer entschlosseneren und handlungsfreudigeren Person.
- Klare Forderungen verbessern die Kommunikation mit anderen und helfen Ihnen selbst, ein klareres Bild von dem zu gewinnen, was Sie eigentlich wollen.

Vertrauen Sie dem Abgrund.

- Finden Sie etwas, auf das Sie vertrauen können, etwas, das Ihnen angesichts des ungewissen Sprungs Halt gibt. Haben Sie Vertrauen in die Qualität und Solidität Ihrer Vorbereitung. Vertrauen Sie der Entscheidung, die Sie gefällt haben. Vertrauen Sie Ihrem Urteil. Vertrauen Sie auf ein Ergebnis, das einem höheren Zweck dient.
- Angesichts einer Aufgabe, die überwältigend oder unüberwindlich wirkt, müssen Sie nur ein beherrschbares Element finden – etwas wie den »einen wahren Satz« Hemingways – und diesen kleinen Bestandteil der Aufgabe bewältigen.
- Wenn Sie sicher sind, nicht mehr weitergehen zu können, müssen Sie nur noch einen weiteren Schritt tun. Und dann noch einen. *Pole, pole*.

5

WISSEN, WAS ZÄHLT

»Verbleibende Leben: null.«

Alexis Ohanian, Mitgründer von Reddit

Nehmen wir an, Sie haben diesen Punkt erreicht. Wie Kamal haben Sie *die Entscheidung gefällt*, Ihre Angst zu meistern und einen bestimmten Weg einzuschlagen. Um diese Herausforderung in Angriff zu nehmen und die neue Ebene zu erreichen, müssen Sie das neue Kapitel in Ihrem Leben aufschlagen. Sie sind bereit, sich jeden Tag mit mir am Schwimmbecken zu treffen, und wir haben ein paar Tage miteinander gearbeitet.

Sie haben *geübt*. Sie haben in Ihrer Komfortzone begonnen, die grundlegenden Bestandteile der Herausforderung einstudiert und die Grenzen Ihrer Fähigkeiten Schritt für Schritt hinausgeschoben. Sie haben die Grenzen Ihrer Kompetenz erreicht und überschritten. Sie sind so gut vorbereitet wie nur irgend möglich.

Dann lassen Sie den Beckenrand los – oder was immer Sie zurückhält. Sie sind bereit zu *springen*, sich ins tiefe Wasser zu wagen und zu schwimmen, mit Anlauf eine Bombe zu machen.

Aber Sie rühren sich nicht: Die Angst hält sie immer noch zurück. Sie halten jene Visitenkarte in der Hand, können sich jedoch nicht durchringen anzurufen. Sie stehen reglos an der Kante des Sprungbretts und blicken erstarrt in den Abgrund des Handelns. Was fehlt?

Nur das wichtigste Puzzleteil.

An anderer Stelle habe ich erklärt, dass die Meisterung der Angst mit einer Entscheidung beginnt. Und so ist es: Die Entschlossenheit entspringt nicht dem Mut, sondern umgekehrt. Man entschließt sich, und der Mut, die Entscheidung zu verwirklichen, entspringt dem Entschluss. Aber als Sie das in Kapitel 1 lasen, konnten Sie möglicherweise nicht umhin, sich folgende Frage zu stellen: »Wie finde ich heraus, welche Entscheidung ich fällen muss? Wenn der Mut, ein Vorhaben durchzuziehen, ein Ergebnis der Entscheidung ist, woher kommt dann die Fähigkeit, diesen Entschluss zu fassen?«

Wenn das Ihre Frage war, haben Sie hier die Antwort: Sie sind in der Lage, den Entschluss zu fassen, wenn Sie *wissen, was zählt*.

Das ist der Auslöser, der uns an der Kante des Sprungbretts dazu bewegt, uns abzudrücken. Das magische Signal, das unsere Synapsen anregt und unsere Muskeln in Gang setzt, damit wir erst zur Ruhe kommen, wenn der Siegespreis errungen ist.

Vielleicht denken Sie, dass dieser Schritt eigentlich am Anfang stehen, dass er allen anderen vorausgehen sollte. Wenn Sie das denken, haben sie nicht unrecht, denn tatsächlich fällen wir die besten Entscheidungen, wenn wir wissen, was zählt. Die Meisterung der Angst beginnt mit einer Entscheidung, und das Wissen, was zählt, sagt uns, welche Entscheidung die richtige ist, und gibt uns die Kraft, sie zu fällen.

Dennoch habe ich mich entschlossen, dieses Kapitel ans Ende zu stellen. Dafür habe ich zwei Gründe.

Erstens stelle ich diesen Schritt ans Ende, weil er in der Realität oft diesen Platz einnimmt. Oft sehen wir die Dinge erst unter extremem Druck, in dem Augenblick, da wir in den Abgrund starren oder vor einer scheinbar unüberwindlichen Herausforderung stehen, vollkommen klar: *Das zählt*, und alles andere ist eigentlich nicht so wichtig. Wenn

Menschen über eine lebensbedrohliche Krise sprechen und erzählen, dass in einem Augenblick ihr ganzes Leben vor ihren Augen vorbeizog, meinen sie das nicht im Scherz. Tatsächlich verschafft sich das Gehirn in einem solchen Augenblick einen umfassenden Überblick über alles Bedeutsame im Leben: »Wenn mein Leben jetzt endet, muss ich sofort sämtliche Erinnerungen durchgehen, um genau zu wissen, wofür ich kämpfen will.«

Zweitens habe ich mir diesen Schritt bis zum Schluss aufbewahrt, weil er der wichtigste ist. Ich möchte, dass Sie ihn noch lange, nachdem Sie das Buch geschlossen haben, vor Augen haben. Denn dies ist das Wesentliche an der Angst: Wenn Sie nicht wissen, was zählt, wird die Angst die Überhand gewinnen und Sie zurückhalten. Wenn Ihnen hingegen vollkommen klar ist, was zählt, wird die Angst Sie antreiben. So einfach ist das.

Alles andere hilft: Die Entscheidung, die Übung, das Loslassen. Sie müssen lernen, Ihrem Instinkt zu vertrauen. Sie müssen auf die Stimme der Erfahrung hören. Sie dürfen die Haie nicht in Ihren Kopf lassen. All das ist wichtig. Aber die Kenntnis dessen, was wichtig ist, hat Vorrang. Wenn Sie sich auf einen einzigen Punkt, auf eine einzige Strategie, auf eine einzige Aktion konzentrieren müssten, mit der Sie Ihre Angst meistern können, so sollte es dies hier sein: *Machen Sie sich bewusst, was zählt.*

Der wichtigste Schritt

An einem Septembertag im Jahr 1996 entschloss sich Leo Russell, schwimmen zu gehen.

Kurz zuvor war der Hurrikan »Edouard«, der stärkste Wirbelsturm jenes Jahres, an der mittleren Atlantikküste der Vereinigten Staaten vorbeigezogen und hatte geringere Schäden als erwartet verursacht. In Delaware, wo Leo mit seiner Familie den Urlaub verbrachte, hatte der Sturm die Behörden gezwungen, die Strände zu sperren, aber viel mehr war nicht passiert. Leo war sogar während des Sturms laufen gegangen und stand jetzt allein am Bethany Beach.

Ein erfrischendes Bad würde ihm guttun.

Leo war kein Fitnessfanatiker und hatte nie im Militär gedient. Er beschreibt sich als »Durchschnittsmann, der ein ganz gewöhnliches Leben geführt hat« – zumindest, was die physischen Herausforderungen anbelangt. Allerdings hatte er keine einfache Kindheit gehabt. Sein Vater war ein trinkfreudiger Ire, der Leos brasilianische Mutter in dem Wissen geheiratet hatte, dass er Krebs hatte. Er war eine Woche nach Leos siebtem Geburtstag gestorben. »Das war ein glücklicher Tag für die Familie Russell«, erinnert sich Leo. Sein alter Herr war ein harter Mistkerl gewesen. Da der Einwanderungsstatus der Mutter nicht geklärt war, nahmen die Behörden ihr die Kinder weg und gaben sie für eine Weile in die Obhut von Pflegefamilien. Nachdem es der Mutter gelungen war, das Sorgerecht wiederzuerlangen, zog die Familie einige Jahre von einer Sozialwohnung zur anderen und wanderte schließlich aus. (Leo drückt es so aus: »Wir wurden eingeladen, das Land zu verlassen.«)

Er verbrachte den Rest seiner Kindheit in Brasilien, wo er eine amerikanische Schule besuchte. Schließlich kehrte er in die Vereinigten Staaten zurück, wo er Karriere als Manager machte. Leo nutzte sein Talent zur Problemlösung, um große Erfolge in der Unternehmenswelt zu feiern. Er leitete die Venture-Capital-Abteilung bei Lehman Brothers, arbeitete als Informationsmanager und Geschäftsführer bei Young & Rubicam und gründete Pride Global, einen der größten Personaldienstleister der Welt (dieses Unternehmen leitet er noch heute). Ich traf ihn in New York. Als ich mich entschlossen hatte, mir die Messlatte höher zu legen und den Wert meines Unternehmens von 100 Millionen auf 1 Milliarde Dollar zu erhöhen, zählte Leo zu den Männern, an die ich mich wandte.

Trotz seiner schwierigen Anfänge sagt Leo, dass ihn das Leben verwöhnt hat. Er ist beruflich extrem erfolgreich und ist seit vierzig Jahren glücklich mit einer Frau verheiratet, mit der er drei wunderbare Kinder hat. Er war nie im Krieg, wurde nie ausgeraubt oder attackiert, ja nicht einmal auf dem Schulhof gehänselt. In dieser Hinsicht betrachtet er sich als vollkommen normal.

»Sie sind ein harter Bursche, Brandon«, sagte er zu mir. »Sie sind mein Gegenstück. Ich bin kein harter Bursche. Ich marschiere nicht in eine Spelunke und nehme den Piraten ihre Beute weg. Ich würde nicht einmal in Ihr Flugzeug steigen.« Es stimmt. Ich habe es versucht. Er weigert sich. »Ich habe das, was Sie als tiefe Angst bezeichnen, echte Angst um das nackte Leben, nie erlebt.«

Nach einer Pause fügte er hinzu: »Nein, das stimmt nicht. Einmal habe ich solche Angst erlebt.«

Nämlich an jenem Tag im September 1996.

An jenem Tag stand Leo an diesem Strand in Delaware und sah sich um. Das Schlimmste des Sturms war längst vorbei. Leo watete in die Brandung, warf sich ins Wasser und ritt die Wellen ab. Es war ein großer Spaß ... doch plötzlich wurde blutiger Ernst daraus. Plötzlich wurde er vom Sog einer großen Welle erfasst, die ihn hochhob, umdrehte und gegen einen Felsen schleuderte. Sein rechtes Bein war zertrümmert.

Von einem Moment zum anderen war Leo verkrüppelt. Und allein. Weit und breit war kein Mensch zu sehen, der ihm hätte helfen können.

In einem Augenblick wie diesem wird die Physiologie abrupt vor eine Wahl gestellt. Man erreicht eine neurologische und endokrine Weggabelung: Panik oder Ruhe? Die natürliche Reaktion ist, in Panik zu geraten, sich vom Adrenalin überfluten lassen und in den Modus »um sich schlagen und kämpfen« zu schalten. Normalerweise führt diese Reaktion in einer Situation wie der, in die Leo geraten war, zu einem schnellen und qualvollen Tod.

Leo spürte, dass er in Panik geriet.

Doch dann durchfuhr ihn wie ein Lichtblitz ein einziger Gedanke. In einem Sekundenbruchteil schalteten alle seine mentalen und physiologischen Reaktionen von Panik auf Ruhe um.

Auf einmal war er in der Lage, seine Situation zu beurteilen. Es war unmöglich, den Sog der Brandung zu überwinden. Er begriff, dass er, wenn er weiter versuchte, wild strampelnd den Strand zu erreichen, nur noch weiter hinausgezogen werden würde. Wenn er sich jedoch bis zum Grund sinken ließ und die Vegetation am Meeresboden zu fassen bekam, konnte er sich möglicherweise unter der Strömung entlang an Land hangeln. Er setzte diesen Plan in die Tat um: Er tauchte ab, packte am Grund die Pflanzen, derer er habhaft werden konnte, und begann, sich daran entlang zu ziehen. Er musste immer wieder auftauchen, um Luft zu holen, aber er tauchte jedes Mal wieder ab und schaffte es, sich am Grund unter den Wellen vorwärtszubewegen. Wenn der Sog stärker wurde, hielt er sich fest, wenn die Strömung nachließ, kämpfte er sich ein Stück weiter. Schließlich schaffte er es an den Strand.

Nun wollte ich Folgendes wissen: Wie zum Teufel hatte er das geschafft?

Zweifellos hatte es damit zu tun, dass er viel Übung darin hatte, sich ein Problem genau anzusehen und es leidenschaftslos zu zerlegen. So weit zur Übung. Aber kein noch so gut trainiertes methodisches Denkvermögen kann sein Verhalten erklären, denn bis zu diesem Augenblick war er nie mit einer lebensbedrohlichen Situation konfrontiert worden. Nichts in seinem Training in der Unternehmenswelt hatte ihn auf eine physisch überwältigende Bedrohung wie diese vorbereitet. Was war es also, das ihm das Leben rettete? Welches war der Gedanke, der ihm durch den Kopf schoss und alle Schalter augenblicklich von Panik auf Ruhe umlegte?

Es war der Gedanke an seine Frau und seinen drei Wochen alten Sohn, die ein paar Kilometer entfernt in einem Ferienhaus auf ihn warteten.

»Ich selbst wuchs unter ziemlich verrückten Umständen auf«, erinnert sich Leo. »Um das wettzumachen, versuche ich, ein möglichst guter Ehemann und Vater zu sein. Und ich *musste* einfach beim ersten Geburtstag meines Sohns dabei sein.« Das war der Impuls, der durch sein Nervensystem raste und die Panikreaktion, die seinen Tod bedeutet hätte, durch eine durchdachte Antwort ersetzte, die ihm das Leben rettete.

Ich muss dabei sein.

Darüber musste Leo nicht nachdenken. Er musste keine Liste seiner wichtigsten Werte aufstellen und sie nach ihrer Bedeutung reihen. Es war keine konzeptuelle Frage. Das Bewusstsein dessen, was wirklich für ihn zählte, war tief verwurzelt und trat augenblicklich zutage. Nichts war wichtiger für ihn als der erste Geburtstag seines Sohns. *Nichts.*

Die Angst war so groß, dass sie ihn beinahe lähmte. Aber der Wunsch, seinen Sohn wiederzusehen, war stärker.

Und genauso ist es bei Ihnen, bei mir, bei jedem von uns. Wir alle empfinden Angst – aber für jeden von uns gibt es in seinem Leben etwas, das stärker ist, das wichtiger ist als die Angst und das die Angst *immer* überwinden wird.

Wir müssen nur wissen, was es ist.

Die Bedeutung des Geldes richtig einordnen

Vergangenes Jahr tat mein Freund James etwas Unerwartetes. Das hätte niemanden überraschen dürfen, denn James ist für ungewöhnliches Verhalten bekannt. Doch damit hatte niemand gerechnet: Er trennte sich von seinem gesamten Besitz. Von *allem*, was er besaß. Er behielt lediglich ein paar Kleidungsstücke (Hosen, Hemden, Schuhe), ein Notebook und ein Telefon. Und wir sprechen hier von einem Mann, der mit Investments, Unternehmen, Büchern und anderen Aktivitäten ein kleines Vermögen verdient hatte. James war ein Multimillionär.

Habe ich erwähnt, dass er auch obdachlos wurde? Streng genommen hat er kein Dach mehr über dem Kopf. Er hat keine eigene Wohnung mehr. Seine wechselnden Unterkünfte mietet er auf Airbnb. Jetzt ist er so etwas wie ein brillanter, verschrobener, millionenschwerer jüdischer Jack Reacher, nur ohne die Gewalt.

James erklärt: »Ich habe mich von allem getrennt. Behalten habe ich nur meinen Laptop und meine Neugier.« Herausfinden, wie die Dinge funktionieren, neues Wissen erwerben und das Gelernte mit möglichst vielen Menschen teilen, um ihr Leben zu verbessern: Das steht ganz oben auf der Liste der Dinge, die für James zählen.

In Kapitel 3 habe ich Ihnen von meiner Freundin Maria und den gewaltigen Hürden erzählt, die sie im Jahr 2008 überwinden musste, um ihr EmbroidMe-Franchise in Gang zu bringen. Springen wir sieben Jahre in die Zukunft: Im Jahr 2015 war ihr Unternehmen ein phänomenaler Erfolg, und Designer, Marken und Prominente gaben sich bei Marias Wohnung in Manhattan die Türklinke in die Hand.

Aber jetzt stand sie vor einem neuen Dilemma. Sie liebte ihre Arbeit, aber es war nicht ihre wahre Leidenschaft. Sie hatte die ganze Zeit nebenher ein anderes Projekt laufen und organisierte Events in Läden, in denen sie direkt mit den Kunden die Designs entwickeln konnte, die den Leuten vorschwebten. Maria liebte diese Interaktion.

Einmal saßen wir zusammen, und sie erzählte mir, wie schwierig es war, ihr erfolgreiches Einzelhandelsunternehmen mit ihrem Lieblingsprojekt unter einen Hut zu bringen. Ich unterbrach sie und bat sie, mir ihr EmbroidMe-Geschäft in wenigen Sätzen zu erklären. Anschließend forderte ich sie auf, dasselbe mit ihrem persönlichen Designprojekt zu tun. Als sie mir das zweite Projekt erklärte, war Maria nicht wiederzuerkennen.

»Hast du das bemerkt?«, sagte ich, als sie kurz Atem holte. »Wie unterschiedlich du klingst, wenn du von den beiden Tätigkeiten sprichst? Deine Stimme, deine Mimik – es ist, als sprächen zwei verschiedene Menschen!«

Natürlich begriff sie es. Es war nicht zu übersehen.

»Also was meinst du?«, sagte ich. »Welcher der beiden Tätigkeiten willst du Tag für Tag nachgehen?«

»Einen Augenblick«, sagte sie. »Wovon redest du? Ich kann den Laden nicht einfach zumachen – ich habe *Verpflichtungen*. Ich kann ihn nicht einfach aufgeben!«

Natürlich konnte sie. Es war mir klar, dass es verrückt klang. Aber als sie die Designarbeit im direkten Kundenkontakt beschrieb, strahlte sie.

»Diese Leidenschaft, diese Begeisterung«, sagte ich, »da wäre ich gerne dabei. Jeder wäre das. Das ist es, was du tun musst. Tu die Dinge, die dir das Gefühl geben, lebendig zu sein.« Ich ermutigte sie, aus der Tätigkeit, der sie seit Jahren nebenher nachging, eine eigene Marke zu machen.

Und das tat sie. Sie bot ihr Unternehmen zum Verkauf an und erhielt einige durchaus gute Angebote, nur dass die potenziellen Käufer alle wollten, dass Maria den Betrieb noch einige Jahre leitete. Genau das wollte sie vermeiden. Es gelang ihr nicht, den richtigen Käufer zu finden. Schließlich gelangte sie zu der Überzeugung, dass sie ihr Ego zurückstellen und aufhören musste, sich auf den gewünschten Preis zu fixieren. Sie musste das Unternehmen einfach loslassen.

Also überließ sie es einem neuen Besitzer.

Sie verkaufte es nicht. Sie überließ es ihm einfach. Zum Preis von null Dollar. Es war ein erfolgreiches, blühendes, Unternehmen mit einem Umsatz von mehreren Millionen Dollar. *Und sie verschenkte es.* Das Geld, das Ego, der Besitz – nichts von alledem hatte Bedeutung verglichen mit dem Gefühl, das Maria hatte, wenn sie direkt mit ihren Kunden die Designs für ihre persönliche Mode entwickelte. Es war ihr klar geworden, was für sie wirklich zählte.

Ich saß neben ihr, als sie die Website für ihr neues Unternehmen entwarf. Ich hatte sie nie so glücklich gesehen.

Verstehen Sie mich nicht falsch. Die Moral dieser Geschichte lautet nicht: »Das Geld ist unwichtig.« Natürlich ist es wichtig. Es ist von großer Bedeutung. Jeder kennt die Redensart: »Glück kann man nicht kaufen«. Das ist der größte Unfug, den ich je gehört habe. Mit Geld kann man gutes Essen auf den Tisch bringen, den Kindern Schuhe kaufen, einen Familienurlaub bezahlen, ein besseres Haus kaufen, in dem die Familie sicherer ist und angenehmer lebt, vielleicht in einer Stadt, die man liebt, oder in einer Landschaft, die man liebt, in den Bergen, am Meer oder an einem See. Mit Geld kann man Eintrittskarten zu einer tollen Show kaufen. Man kann damit die Operation eines Verwandten oder eines Freundes bezahlen. Mit Geld kann man den

Unterricht bei einem guten Maler, eine Ausbildung zum Fallschirmspringer, eine Museumsreise durch Europa oder einen Skiausflug auf den Mont Blanc bezahlen.

Glück kann man nicht kaufen? Blödsinn! Mit Geld können Sie sehr viel Glück kaufen. Aber nur, wenn sie wissen, was wichtig ist. Allerdings müssen Sie selbst herausfinden, was das ist.

Lassen Sie sich nicht vom Glitzern ablenken

Geld ist nicht das Einzige, was uns von dem ablenken kann, was wirklich zählt. Es gibt alle möglichen Dinge, die uns davon ablenken können.

Als Kamal zu Beginn seiner Karriere ins Silicon Valley umzog, wusste er eigentlich nichts über die Technologiebranche und über Risikoinvestitionen. Er tauchte einfach dort auf und sprang von der Klippe. Er hatte den idealen Zeitpunkt gewählt. Er fand ein neu gegründetes Unternehmen und half mit, es aufzubauen; das Unternehmen ging schließlich an die Börse und entwickelte sich sehr gut. Tatsächlich ist es eines der wenigen frühen Dotcoms, die überlebt haben. Mit diesem Erfolg machte sich Kamal einen Namen. Er begann, die Geschäftsführer großer Unternehmen zu beraten, und gründete selbst einige Firmen. Einige davon hatten mehr, andere weniger Erfolg, aber insgesamt entwickelte sich seine Karriere sehr gut.

»Ich hielt mich für erfolgreich«, erklärt er. »Aber wenn ich ehrlich bin, ging es dabei vor allem um mein Ego.«

Dann gründete er das Unternehmen, mit dem er seine Träume verwirklichen wollte. Er war überzeugt, dass es sein großer Wurf werden würde. Er würde nicht nur reich werden, nein, er würde so reich werden, dass er sich seine eigene Karibikinsel würde kaufen können. »Ich würde so viel Geld haben, dass ich machen kann, was immer ich will«, erinnert er sich. » Dabei geht es übrigens nur ums Ego.«

Anstatt sich um Fremdkapital zu bemühen, baute er sein Unternehmen mit seinem eigenen Geld auf und steckte sein gesamtes Vermögen hinein. Die Firma war erfolgreich und wuchs rasch. Nun wollte er sie noch weiter vergrößern. Investoren sprangen auf den fahrenden Zug, und in diesem Moment hob das Unternehmen *wirklich* ab.

Vermutlich ahnen Sie bereits, wohin das führte.

Anfangs motivierte Kamal seine Mitarbeiter, indem er sie darauf einschwor, wie sie die Branche verändern würden und was für große Dinge sie gemeinsam bewirken würden. Aber im Lauf der Zeit änderte sich das. Bald motivierte er sie, indem er ihnen erzählte, wie viel Geld sie verdienen würden. Eine andere Vision bringt andere Prioritäten hervor, die andere Entscheidungen hervorbringen. Man sucht sich andere Partner. Man wählt einen anderen Weg.

Und natürlich endete das in einer Katastrophe.

»Und da mein Ego nicht von diesem Unternehmen zu trennen war, stürzte ich mit ihm ab«, erzählt Kamal. Der Zusammenbruch seines Unternehmens löste eine persönliche Krise aus, Kamal wurde krank und schlitterte in beinahe selbstmörderische Verzweiflung. Doch am Ende stand eine Wiederauferstehung, die er in seinem Buch *Love Yourself Like Your Life Depends On It* beschrieben hat.

Und er verdankte diesem Zusammenbruch noch etwas anderes: völlige Klarheit darüber, was zählt.

Als er auf jene kolossale Kernschmelze zurückblickte, begriff Kamal, dass er beim Aufbau seines Unternehmens die ganze Zeit auf das Ergebnis fixiert gewesen war. Er sah nur das Ziel des *Erfolgs seines Unternehmens.* Aber das war nicht, was wirklich zählte. Er hatte das falsche Ziel angepeilt. Wichtig war nicht der Erfolg, sondern wer er auf dem Weg dorthin wurde. Alles andere – das Gefühl, etwas Großes geleistet zu haben, die Anerkennung, die Macht und das Geld – all das war nur Glitzer.

Die meisten von uns werden nie die Erfahrung machen, im Silicon Valley ein Unternehmen zu gründen, das viele Millionen Dollar Umsatz macht. Aber wir alle haben die Erfahrung gemacht, große oder kleinere Belohnungen für unsere Bemühungen zu ernten. Das Lob unserer Umgebung. Einen plötzlichen Geldsegen. Das berauschende Gefühl des Stolzes und des Erfolgs. Ein Titel, eine Beförderung. Der Gesichtsausdruck von Menschen, die wir mit unseren Leistungen beeindruckt haben.

An all dem ist nichts auszusetzen. Aber es ist alles nur Glitzer. Es ist Geschenkpapier und schöne Schleifen, nicht das, was in der Schachtel ist.

In der Schachtel ist das, was wir im Lauf des Prozesses werden.

»Einer der Schlüssel zu einem erfüllten Leben ist die Erkenntnis, dass wir selbst die *Bemühung* sind«, sagt Kamal. »Wir sind nie das Ergebnis. Und das Komische ist, dass das Ergebnis sehr viel besser sein wird, wenn wir uns auf die Bemühung konzentrieren, auf die Person, die wir sind, darauf, uns auszudrücken und uns in die Welt einzubringen.«

Lassen Sie sich nicht davon ablenken, dass Sie leiden

Manchmal kann uns ein Augenblick extremer Bedrängnis klar vor Augen führen, was wirklich zählt, so wie jener Moment der Todesgefahr am Strand für Leo Russell. Manchmal ist der Druck jedoch so überwältigend, so zermürbend, dass wir den Drang verspüren, einfach aufzugeben, zu opfern, was Bedeutung für uns hat, und uns mit dem zufriedenzugeben, was von unserem Leben übrig ist. Vielleicht sind wir nicht einmal dazu imstande. In den Vereinigten Staaten begehen jeden Tag mehr als hundert Menschen Selbstmord, das heißt über vierzigtausend im Jahr. Und zehntausende Menschen atmen zwar, haben das Leben jedoch aufgegeben.

Es ist leicht, sich vom Glitzer des Ruhms und des Reichtums blenden zu lassen. Ebenso leicht kann der Schmerz des Alltagslebens unsere persönliche Vision verschleiern, insbesondere in jenen Augenblicken, in dem der Schmerz ein unerträglich wirkendes Maß erreicht.

Vor Kurzem hörte ich mir einen Vortrag von Nando Parrado an, einem Mitgründer der uruguayischen YPO-Gruppe. Ich habe schon viele Geschichten von Mühsal und Leid gehört, aber seine stellte sie alle in den Schatten. Es war einer der besten Vorträge, die ich je gehört hatte.

Parrado spielte als Student in seinem Heimatland in der Rugbymannschaft seiner Universität. Im Jahr 1972 war das Team in einem Charterflugzeug auf dem Weg zu einem Spiel in Chile, als die Maschine in den Anden mit einem Berggipfel kollidierte und in zwei Teile zerrissen wurde. Sämtliche Passagiere im Heck, darunter Parrados Mutter, die das Team begleitete, waren augenblicklich tot. Der Bug der Maschine schlug mehrfach auf einem Bergkamm auf und rutschte über einen Abhang hinunter, bevor er schließlich im Schnee stecken blieb.

Parrado berichtete: »Gerade noch hast du mit deinen Mannschaftskameraden gescherzt, mit den Jungs, mit denen du aufgewachsen bist, die du dein Leben lang kennst. Es herrscht eine heitere Stimmung. Und plötzlich, in einer Millisekunde, ist das alles vorbei.« Ich musste an Kamals Erfahrungen in der Notaufnahme denken, wo er all diesen Menschen begegnet war, die von einem Moment auf den nächsten erkennen mussten, dass die Sicherheit eine Illusion ist.

Diese jungen Männer aus Uruguay hatten nie zuvor Schnee gesehen. Sie trugen ihre Straßenkleidung. Jetzt waren sie in fast 4000 Meter Höhe in den Anden gestrandet. Die Nacht brach herein, und die Temperaturen sanken weit unter den Gefrierpunkt. Es folgte ein weiterer Tag, eine weitere Nacht, und dann noch ein Tag und noch eine Nacht ... Am achten Tag starb Nando Parrados Schwester. Mittlerweile waren nur noch 27 der ursprünglich 48 Personen an Bord am Leben. Am elften Tag fanden Sie im Flugzeugwrack ein funktionierendes Transistorradio – und mussten hören, dass die Suche nach dem verschwundenen Flugzeug aufgegeben worden war.

Am siebzehnten Tag raste eine Lawine über die Überlebenden hinweg und tötete acht von ihnen.

Die Situation wurde schlimmer und schlimmer. Angesichts des drohenden Hungertods waren die Überlebenden gezwungen, ihre toten

Freunde zu essen. Nach zwei Monaten – zwei Monaten! – machten sich Nando und sein Freund Roberto Canessa schließlich auf den Weg, um Hilfe zu suchen. Sie mussten mehr als 150 Kilometer durch die Berge wandern, bis sie schließlich auf Menschen stießen. Die beiden wurden am siebzigsten Tag gerettet; zwei Tage später erreichten die Rettungsmannschaften die auf dem Berg zurückgebliebenen Überlebenden.

Parrado erzählte von der Angst, zu erfrieren, zu verhungern, allein zu sterben. »Wenn du jung bist«, sagte er, »hast du das Gefühl, unsterblich zu sein.« Plötzlich war diese Illusion zerstört worden. Alles hatte seinen Sinn verloren. Das Einzige, was ihm geblieben war, war die Angst.

Auch nachdem er heimgekehrt war und sich körperlich vollkommen erholt hatte, stellte er fest, dass ihn seine Angst weiter verfolgte. Er war daheim und in Sicherheit, und die schrecklichen Erlebnisse in den Anden lagen offensichtlich hinter ihm. Aber die lähmende Angst war geblieben. Er war am Leben, aber er lebte nicht. Eines Tages sagte sein Vater zu ihm: »Nando, du kannst nicht zulassen, dass diese Geschichte dein Leben bestimmt. Du musst die Erfahrung als eine Wiedergeburt betrachten. Dir wurde ein neues Leben geschenkt. Geh los und lebe es.«

Und das tat er. Er stürzte sich ins Leben, so als hätte er bisher keines gehabt. Er hatte sich stets gewünscht, an Autorennen teilzunehmen – also wurde er ein professioneller Rennfahrer. Er verliebte sich, heiratete und gab den Rennsport auf. Er gründete mehrere Unternehmen, wurde ein prominenter Fernsehmoderator und errichtete ein 100-Millionen-Dollar-Imperium. Nichts von alledem befreite ihn von seiner Angst, aber im Lauf der Zeit rückten all diese leidvollen und glänzenden Erfahrungen, das Sterben – und das Leben – in ein anderes Licht.

> »Wenn ich das nächste Mal dem Tod entgegensehe«, sagte er, »weiß ich, woran ich mich erinnern werde. Nicht an die schnellen Autos und an die Unternehmen, an die Aufträge und Kredite und Erträge, an die E-Mails und die Flughäfen. Ich mag einen Ferrari, ein gutes Abendessen, die schönen Dinge im Leben. Aber nichts von alledem ist wichtig. Wichtig sind die Umarmungen meiner Töchter, wenn ich sie ins Bett

bringe und ihnen gute Nacht sage, oder die stille Gegenwart meiner Frau Veronique. Diese Augenblicke werden sich nicht wiederholen. Diese Momente sind das, was zählt.«

Seit die Menschen Geschichten erzählen, stellen sie folgende Frage: Warum widerfährt guten Menschen Schlechtes? Die Bibelgelehrten sagen, die Geschichte Hiobs sei eine der ältesten in der Heiligen Schrift. Warum sitzt ein junger Mann wie Nando Parrado plötzlich in Turnschuhen in 4000 Metern Höhe auf einem Gletscher, muss den Tod seiner Mutter, seiner Schwester und seiner Freunde miterleben und einen Schrecken durchmachen, den wir uns kaum vorstellen können?

Warum widerfahren guten Menschen furchtbare Dinge? Wer weiß. Vielleicht geschehen solche Dinge teilweise, damit wir Klarheit darüber gewinnen, was wichtig ist.

Parrados Geschichte erinnerte mich an das Buch *Der Mensch auf der Suche nach dem Sinn*, in dem Viktor Frankl beschrieben hat, wie er ein nationalsozialistisches Konzentrationslager überlebte. Wenn ich ein einziges Buch nennen sollte, in dem erklärt wird, wie man sich als Mensch entwickeln, wie man seinen Charakter festigen und ein erfüllteres Leben führen kann, so würde ich mich für Frankls Werk entscheiden. Es gibt kaum eine Geschichte, in der größeres Leiden geschildert wird, und Frankl zieht faszinierende Schlüsse aus seiner Erfahrung: Er spricht über den Kampf, den die Überlebenden einer Katastrophe führen müssen (über den Kampf gegen Verbitterung und Enttäuschung), und über die Erlösung, die in aller Stille kommt und sich in Erfahrungen der Liebe, der Anständigkeit und der Kameradschaft verbirgt.

Jeder von uns muss Verluste ertragen. Nur wenige von uns werden jemals vergleichbares Leid durchmachen wie Nando Parrado oder Viktor Frankl, aber ein Verlust ist ein Verlust.

Vielleicht haben Sie den Verlust einer Freundschaft erlitten, als Sie von jemandem betrogen wurden, dem Sie vertrauten, oder als die Familie eines engen Freundes wegzog. Vielleicht hatten Sie eine große Karriere als Sportler vor sich, mussten den Sport jedoch aufgrund einer schweren

Verletzung aufgeben. Vielleicht verloren Sie viel Geld. Ein Unternehmen ging pleite. Ein Freund versank für immer im Drogensumpf. Ein Elternteil starb viel zu früh. Oder Sie verloren ein Kind. Oder Sie hatten eine schreckliche Kindheit und genossen nie jene Art von inniger familiärer Bindung, von der andere Leute gerne erzählen. Sie kennen den Schmerz des Verlustes. Er ist Teil der menschlichen Erfahrung.

Es gibt zwei mögliche Reaktionen auf tragische Verluste. Der Verlust kann Sie brechen, oder er kann Sie als Person reifen lassen. Er kann Sie dazu bewegen, verbittert auf das zu blicken, was Sie nicht haben. Oder er kann Sie dankbarer für das machen, was Sie haben. Er kann Ihnen klar zeigen, was wichtig ist.

Behandeln Sie jede Stunde so, als wäre sie mehr wert als Gold

Nachdem ich mir den Vortrag von Nando Parrado angehört hatte, fuhr ich nach Hause und setzte mich hin, um über das nachzudenken, was ich gehört hatte. Ich hatte diesen Vortrag gebraucht. Jetzt fragte ich mich: »Was tue ich?« Seit dem Scheitern meiner Ehe war ich mehreren wunderbaren Frauen begegnet. Aber ich hatte alle Beziehungen wieder beendet, und in den letzten Jahren war ich mit jüngeren Frauen ausgegangen, ohne jemals ernste Absichten zu verfolgen. Nun musste ich innehalten und mich fragen: Welche Bedeutung haben Beziehungen für mich? Ich sollte bei meinen Begegnungen mit Frauen eine echte, langfristige Beziehung im Blick haben.

Tatsächlich hatte ich keine Zeit zu verlieren. Das hatte ich vergessen. Nando Parrado hatte es mir in Erinnerung gerufen.

Er hatte im Alter von neunzehn Jahren etwas begriffen, das ich erst sehr viel später erkannte: den Wert der Zeit.

Nachdem Mitte 2012 mein erstes Buch erschienen war, begann ich, meine Erinnerungen an eine Gruppe von mir bekannten SEALs niederzuschreiben, die ihr Leben für ihr Land geopfert hatten. Die Idee für das Buch stammte von Michael Bearden Sr., dem Vater des bei einem Fallschirmabsprung verunglückten »Bären«. Ich steckte mitten in der Arbeit, als ich im September erfuhr, dass mein Busenfreund Glen Doherty bei dem Angriff auf die amerikanische Botschaft in Bengasi getötet worden war.

Auf einmal handelte das Buch, an dem ich arbeitete, von meinem besten Freund.

Bis zu diesem Moment hatte ich die Gewissheit gehabt, dass Glen und ich auch im Alter unzertrennlich sein würden. Ich hatte stets angenommen, dass Glen und ich immer unzertrennlich sein würden: Wir würden zusammen Surfen gehen und Flugzeuge steuern, wir würden verrückte Abenteuer miteinander erleben, uns die Nächte mit Gesprächen über Gott und die Welt um die Ohren schlagen, einander beruflich unter die Arme greifen und uns um einander kümmern. Wir würden auch als Achtzigjährige Freunde sein, und vielleicht sogar als Neunzigjährige.

Plötzlich existierte nichts mehr davon. Er würde nicht Jahrzehnte an meiner Seite sein. Er würde nicht einmal mehr eine Minute an meiner Seite sein. Es war vorbei.

Im Augenblick unserer Geburt beginnt unsere Zeit abzulaufen. Das Damoklesschwert hängt an einem seidenen Faden über unserem Kopf, und wir können unmöglich wissen, wann es fallen wird. Nur in zwei Dingen haben wir Gewissheit: Wir wissen, dass wir in diesem Augenblick leben. Und wir wissen, dass unser Leben irgendwann enden wird. Alles andere ist uns unbekannt.

Wir können es uns nicht leisten, auch nur eine einzige Stunde zu vergeuden.

Ich spreche hier nicht über Effizienz, über ein organisiertes oder produktives Leben. Wenn ich sage, dass wir keine einzige Stunde zu vergeuden haben, meine ich Folgendes: Um unser Leben zu meistern, müssen wir jede Stunde so behandeln, als wäre es unsere letzte.

Darüber sprach ich an jenem Tag mit meiner Freundin Maria, als sie mir erklärte, wie schwierig es war, ihre beiden Tätigkeiten unter einen

Hut zu bringen: »Warum quälst du dich? Tu das, was dich glücklich macht!«

Ich habe Ihnen erzählt, wie viel Mut mein Freund C. J. aufbringen musste, um mit den Ramones auf die Bühne zu treten. Jetzt muss ich Ihnen noch erzählen, wie viel Mut er mehr als ein Jahrzehnt später aufbringen musste, um *nicht* auf die Bühne zu treten.

Im Jahr 2001, fünf Jahre nach der Auflösung der Band, bot sich C. J. die Chance, den frei gewordenen Platz des Bassgitarristen der berühmten Band Metallica einzunehmen. Er hatte sich bereits einen festen Platz in der Geschichte der Rockmusik gesichert, aber trotz ihres Erfolgs bei den Kritikern hatten die Ramones nie so ein großes Publikum angelockt wie zum Beispiel Metallica. Als Mitglied dieser Band hätte C. J. einen gewaltigen Karrieresprung gemacht. Aber es gab ein Problem: Sein Sohn war autistisch, und C. J. hielt es für wichtig, jeden Tag Zeit mit dem Jungen zu verbringen. Also lehnte er das Angebot der Band ab.

»Ich empfand es als eine Ehre, dass sie mich fragten«, sagt er, »aber ich konnte es unmöglich tun.«

Der Unternehmer Alexis Ohanian, den die Zeitschrift *Forbes* als »Bürgermeister des Internet« bezeichnet hat, erklärt, dass Reddit, das Unternehmen, zu dessen Gründern er zählt, sein Leben in den ersten anderthalb Jahren beherrschte, als Reddit im Start-up-Modus war. Ohanian ist ein Mann, der weiß, wie es ist, rund um die Uhr seine gesamte Energie einer Aufgabe zu widmen. Nach der Erfahrung mit Reddit entschloss er sich, nie wieder zuzulassen, dass ein einziges Projekt sein gesamtes Leben auf Kosten aller anderen Dinge, die ihm wichtig waren, in Anspruch nehmen würde.

»Unternehmensgründern, die ich berate oder in deren Projekte ich investiert habe, sage ich immer, dass sie sich die Tatsache vor Augen halten müssen, dass Sie nur diese eine Chance haben«, erklärte er in einem Interview mit der Zeitschrift *Wired.* »Du musst dein Leben so leben, als wäre es ein Videospiel, in dem oben auf dem Bildschirm folgende Botschaft aufleuchtet: ›Verbleibende Leben: Null.‹«

Was mir wichtig ist

Im Herbst 2017, als wir an diesem Manuskript arbeiteten, fegte der Hurrikan »Maria« über die Karibik hinweg und verwüstete meine Wahlheimat Puerto Rico. (Ich habe eine Wohnung in Manhattan, aber mein Haus in Puerto Rico ist mein Heim.) Meine Freunde meldeten sich, um sich zu erkundigen, ob mein Haus den Sturm gut überstanden hatte, und reagierten überrascht, als ich antwortete: »Nichts, was ein Sturm dort zerstören könnte, bedeutet mir etwas.«

In Wahrheit ist es natürlich nicht so, dass mir mein Haus gleichgültig ist. Ich habe dort persönliche Dinge, Erinnerungsstücke, die ich auf der bisherigen Reise meines Lebens gesammelt habe. Würden mir all diese Dinge nichts bedeuten, so würde ich sie nicht aufbewahren. Aber sie sind mir nicht wirklich wichtig. Meine Familie ist nicht dort. Das Haus könnte ins Meer gespült werden, ohne dass ich darunter leiden würde. Es sind nur Dinge.

Eine Katastrophe wie ein Hurrikan, ein Erdbeben, ein Krieg oder ein abrupter Zusammenbruch der Wirtschaft ist etwas Beängstigendes. Es kann auch eine klärende Erfahrung sein, weil sie uns unseren gesamten Besitz nehmen kann. Wenn wir aller materiellen Dinge beraubt werden, sehen wir unser Leben plötzlich in einem schonungslos ehrlichen Licht. Wir können uns nicht länger um die Wahrheit drücken und die Essenz unseres Lebens ignorieren. Mein Ziel ist es, mich jederzeit daran zu erinnern, ohne eine Katastrophe zu brauchen, die es mir verdeutlicht.

Hier also in willkürlicher Reihenfolge die Dinge, die mir wichtig sind:

Ethik

Den Anstoß zur Gründung von Hurricane gab der Wunsch, im Internet ein Forum zu schaffen, auf dem Veteranen der Spezialeinheiten die ihnen gebührende Anerkennung zuteilwerden würde. Auf dieser Website wollten wir gestohlene Tapferkeit aufzeigen (das heißt Personen bloßstellen, die vortäuschten, Elitesoldaten gewesen zu sein) sowie Korruption im Veteranenministerium und andere Probleme im Militär und in der Gemeinschaft der Veteranen anprangern. Die Männer und Frauen in Uniform werden von einem starken ethischen Bekenntnis angetrieben, dem ich mich noch heute verpflichtet fühle.

Wahrheit

Ein weiterer wesentlicher Faktor in der Entstehung von Hurricane Media ist die Wahrheit. In den Mainstream-Medien gibt es viel zu viel Voreingenommenheit, sie stellen Tatsachen verzerrt oder sogar falsch dar. Wir sind vielleicht nicht die eleganteste Nachrichtenseite, und unsere Syntax mag nicht immer korrekt sein, aber wir sagen immer die Wahrheit. Aufrichtigkeit und Integrität sind Bestandteile des Quellcodes unseres Betriebssystems.

Brillanz

Den Wert der Zeit zu würdigen, bedeutet für mich nicht zuletzt, keinen Augenblick mit Bemühungen zu verschwenden, die weniger als brillant sind. Der Wunsch, einer Eliteeinheit anzugehören, deren Anspruch es war, die beste ihrer Art zu sein, war der Hauptgrund für meine Meldung zu den Navy SEALs.

Freiheit

Bei aller berechtigten Kritik am Zustand der Vereinigten Staaten: Ihre Mängel wirken gering verglichen mit den Vorzügen, die sie zu einem großartigen Land machen. Ich bin ein hartnäckiger Skeptiker, aber kein Zyniker (und das sind zwei sehr verschiedene Dinge), und ich bin fest von der inneren Kraft der Vereinigten Staaten überzeugt. In vielen Ländern genießen die Menschen mehr oder weniger Freiheit, aber auf all meinen Reisen habe ich keine Gesellschaft kennengelernt, in deren DNA die Freiheitsliebe so fest verankert ist wie in den USA.

Meine Freunde, mein Team

In den Spezialeinheiten wird der Teamgeist großgeschrieben. Ja, wir kämpfen für unser Land, für die Demokratie und andere Dinge, für die es sich zu kämpfen lohnt. Aber wenn du tatsächlich im Einsatz bist, wenn du dich kilometerweit durch Schlamm, Sand oder Schnee kämpfst, ständig begleitet von der elektrischen Spannung einer tödlichen Bedrohung, oder wenn Gewehrfeuer und Granatenexplosionen plötzlich alles um dich in Rauch und Chaos hüllen, dann denkst du nicht mehr an die Flagge oder die Freiheit, sondern nur noch daran, den Mann an deiner Seite am Leben zu erhalten.

Denselben Teamgeist habe ich in mein Unternehmen mitgenommen. Ich betrachte meine Leute nicht als Angestellte, sondern als meine Familie. Gegenwärtig umfasst unser Team mehr als fünfzig Personen, die geografisch über den ganzen Erdball verstreut sind. Vor zwei Jahren war in einer normalen Arbeitswoche noch Zeit für ein Gespräch mit jedem einzelnen Mitarbeiter, aber dieses Jahr wurde mir klar, dass das aufgrund der Größe des stetig wachsenden Unternehmens nicht länger möglich ist. Seitdem wende ich mich in einem Newsletter an das Team. Aber ich will nicht, dass nur *sie von mir* hören. Mein Ziel ist eine echte Kommunikation. Um das zu erreichen, habe ich folgende Regelung eingeführt: Jeder Mitarbeiter schickt mir einmal im Monat eine E-Mail, in der er mir erklärt, was ihm beruflich und persönlich wichtig ist und wo er sein größtes Problem sieht. Erst *nachdem* ich alle Antworten gelesen habe, schreibe ich den monatlichen Newsletter. So bleiben wir im Gespräch.

Vor einigen Jahren führte ich ein Jahrestreffen ein, zu dem ich die Mitarbeiter aus aller Welt einfliegen ließ, damit wir ein paar Tage zusammen verbringen konnten. Mittlerweile habe ich zwei Treffen im Jahr daraus gemacht. Ja, ich will den Umsatz meines Unternehmens von 100 Millionen auf eine Milliarde Dollar erhöhen, aber das ist nur ein Maß. Es gibt kein besseres Maß für den Erfolg unseres Unternehmens als den Erfolg jedes einzelnen Teammitglieds.

Meine Familie

Meine drei Kinder sind der Treibstoff, der mich antreibt. Alles, was ich schaffe, sei es ein Unternehmen, ein Buch, eine Stiftung oder ein Freundeskreis, ist in erster Linie ein Vermächtnis, auf das meine Kinder stolz sein können.

Dieses Buch handelt von der Angst, und deshalb werde ich Ihnen sagen, was meine größte Angst ist: Ich habe Angst, meinen Kindern keine stabile und glückliche Zukunft bieten zu können. Damit meine ich kein Geldvermögen, sondern alle Lehren und Erfahrungen, die ich in unseren gemeinsamen Unternehmungen und unseren Gesprächen über das Leben und die Arbeit mit ihnen teilen kann.

Meine Kinder sind mittlerweile alle Teenager, und der Saldo auf dem gemeinsamen Erfahrungskonto ist positiv. Ich weiß, dass wir nicht ewig Zeit haben, um den optimalen Kontostand zu erreichen, aber ich habe den Eindruck, dass wir den Großteil des Weges geschafft haben.

Das ist meine Liste: Ethik, Wahrheit, Brillanz, Freiheit, Freunde, Team, Familie. Wenn morgen ein Hurrikan alles mitreißt, was ich besitze – meine Wohnungen, meine Flugzeuge, meine Unternehmen, meine Bankkonten, meine Waffensammlung, meine Kunstsammlung, meine Bücher, meine Kleidung, meine Schuhe –, werde ich mich nicht beklagen, solange ich behalten darf, was auf dieser Liste steht.

Was ist Ihnen wichtig?

Das sind die Dinge, die für mich zählen, aber das ist meine persönliche Liste. Ich nehme an, dass sie bei jedem Menschen anders aussieht. Natürlich gibt es Wertvorstellungen, die viele von uns teilen: Familie, Freunde, Freiheit sind universelle Werte. Aber jeder muss für sich allein feststellen, was ihm wichtig ist.

Womit wir bei der Frage wären, was Ihnen wichtig ist.

Das ist keine rhetorische Frage. Ich schlage Ihnen vor, das Buch wegzulegen, ein Notizbuch oder Ihren Laptop oder was auch immer zur Hand zu nehmen und konkrete Antworten auf diese Frage zu geben. Fangen Sie an. Erstellen Sie Ihre Liste.

Was ist Ihnen wichtig?

Ich weiß nicht, ob Ihre Liste drei oder zehn Punkte umfassen wird. Vielleicht ist es auch nur einer. Es ist Ihr Leben, nicht meins. Aber fangen Sie die Liste an. Was zählt? Abstrakte Antworten sind in Ordnung – für den Anfang. Aber keine Angst wurde je bewältigt, kein Widersacher zurückgeschlagen, keine Notlage überstanden und keine große Herausforderung direkt in Angriff genommen, wenn die einzige Inspiration für den Kampf eine Abstraktion war. Wäre Leo Russell lediglich der Gedanke »*Familie*, ja, das klingt schön: *Familie* …« durch den Kopf gegangen, so wäre er mit Sicherheit vor der Küste von Delaware ertrunken.

Nein. Der Gedanke, der Leo in diesem Augenblick beherrschte, war kein abstrakter Begriff von »Familie«. Er war: *Ich muss meinen Sohn wiedersehen.*

Wenn Sie die abstrakten Antworten festgehalten haben, müssen Sie sich jeder einzelnen erneut zuwenden, um sie zu konkretisieren. Freiheit klingt gut, aber was genau meinen Sie damit? Familie, sehr schön, aber wer genau ist das, und wie empfinden Sie in Bezug auf diese Personen?

Übrigens ist es vollkommen in Ordnung, wenn Sie auf das Papier oder den Bildschirm starren und nicht wissen, was Sie schreiben sollen. Das ist sogar sehr gut, denn es bedeutet, dass Sie ehrlich sind. Vielleicht wissen Sie die Antworten wirklich nicht – oder noch nicht. Manchmal wissen Sie nicht, was wirklich wichtig für Sie ist, bis Sie mit einer Situation konfrontiert werden, die Klarheit schafft – mit einem Autounfall, mit einer ärztlichen Diagnose, mit einem Hausbrand. Manchmal frage ich mich, ob der Autounfall und der Hausbrand und all das vielleicht gar nicht nötig wäre, wenn wir es wüssten, wenn wir uns die Zeit nähmen, um in einer ruhigen, ehrlichen Selbstprüfung nach diesen Antworten zu suchen.

Natürlich ist das reine Spekulation. Ich behaupte nicht zu wissen, wie die Maschinerie des Lebens und der Umstände funktioniert. Aber eines weiß ich: Alles, was wir wirklich wollen, liegt jenseits der Angst.

Ich kann Ihnen nicht sagen, was es ist, wie es aussieht oder wo Sie es finden können. Aber ich kann Ihnen folgenden Hinweis geben: *Beginnen Sie mit dem, was Ihnen Angst macht*. Unterdrücken Sie es nicht, kämpfen Sie nicht dagegen an, versuchen Sie nicht, es hinter sich zu lassen. Machen Sie sich Ihre Angst zu eigen. Machen Sie die Angst zu einer Verbündeten. Vertrauen Sie ihr. Meistern Sie sie.

Das wird Sie zu den Dingen führen, die Ihnen wirklich wichtig sind.

In der Praxis

Um die Angst zu meistern, müssen Sie eine Entscheidung fällen. Aber nur wenn Sie wissen, was zählt, werden Sie erkennen, welches die richtige Entscheidung ist, und in der Lage sein, diese Entscheidung zu fällen. Es muss etwas Wichtiges geben – etwas, das für Sie wichtig ist –, für das es sich lohnt, ein Risiko einzugehen. Das ist die wesentliche Erkenntnis über die Angst: Solange Sie nicht wissen, was Ihnen wirklich wichtig ist, wird die Angst Sie zurückhalten. Wenn Sie vollkommene Klarheit darüber haben, was zählt, wird die Angst Sie in die richtige Richtung lenken.

Stellen Sie fest, was Ihnen am wichtigsten ist

- Erstellen Sie eine Liste aller Dinge, die Ihnen wichtig sind. Die Reihenfolge ist unwichtig, und die Liste muss nicht vollständig sein. Sie können sie später ergänzen. Wichtig ist, dass Sie die Dinge festhalten, die wirklich Bedeutung für Sie haben.
- Konkretisieren Sie nun jeden Punkt und beschreiben Sie ihn spezifisch. Wenn Sie einen Wert wie »Freiheit«, »Wahrheit«, »Beiträge« oder »Erfolg« festgehalten haben, müssen Sie sich fragen, was genau Sie darunter verstehen. Wenn Menschen – »Freunde«, »Familie«, »Beziehungen« – große Bedeutung für Sie haben, müssen sie jetzt festhalten, welche Personen genau damit gemeint sind. Und weshalb bedeuten Ihnen diese Menschen viel?
- Gehen Sie die Liste erneut durch und stellen Sie sich die folgenden Fragen zu jedem Eintrag:
  - Wie viel Zeit widme ich diesem Punkt jede Woche?
  - Wie viel von meinem Einkommen wende ich dafür auf?
  - Wie viel von meiner Energie wende ich täglich dafür auf?
  - Wenn mir noch ein Jahr zu leben bliebe, würde ich mich diesem Wert mehr oder weniger widmen?
  - Was genau würde ich ändern?
  - Wie kann ich diese Veränderungen sofort umsetzen?

Ergebnis

EIN ALLEINFLUG

»Ich habe in meinem ganzen Leben nie einen Menschen beneidet, der ein leichtes Leben hatte. Ich habe viele Menschen beneidet, die ein schwieriges Leben führten und es gut führten.«

Theodore Roosevelt

An einem eisigen Tag Anfang des Jahres 2004 überraschte mich mein Fluglehrer John Carey. Wir rollten auf einem alten Militärflugplatz bei San Diego über die Startbahn, als Johns raue Stimme plötzlich sagte: »Halt an. Ich steige aus. Du wirst allein fliegen.«

Die Ankündigung traf mich vollkommen unvorbereitet. Ich wusste es damals nicht, aber das ist eine alte Tradition in der militärischen Pilotenausbildung: Du weißt nicht, wann du deinen ersten Alleinflug bewältigen musst, und eines Tages konfrontiert dich dein Fluglehrer aus heiterem Himmel mit dieser Herausforderung.

Um die Wahrheit zu sagen: Johns Ankündigung haute mich um. War ich bereit für einen Alleinflug? Aber es hatte keinen Sinn, diese Frage zu stellen. Hätte ich mich weigern können?

»In Ordnung«, sagte ich.

Ich brachte das Flugzeug am Rand des Rollfelds zum Stehen, und John stieg aus. Ich beschleunigte wieder und zog die Maschine hoch. Es war ein berauschendes Gefühl – ich hatte Angst, aber gleichzeitig war es ein berauschendes Gefühl. Neues Selbstvertrauen durchströmte mich: *Ja, ich kann das tatsächlich!*

Ich drehte drei oder vier Runden um den Flugplatz, und das war's: Ich war süchtig nach dem Fliegen.

In einem Kleinflugzeug gibt es die in den großen Flugzeugen übliche Hydraulik nicht; vieles ist rein mechanisch. Wenn man am Steuerknüppel zieht, spürt man den mechanischen Widerstand des Winds und des Luftdrucks, gegen den die Maschine ankämpfen muss. Man fühlt die Reaktionen auf Steuerbefehle, die Verbindung zwischen Mensch, Maschine und Elementen. Ich liebe das. Es gibt im Cockpit ein kleines Rad, mit dem man das Höhenruder bewegen und einen Teil des Widerstands neutralisieren kann. Wenn man wirklich stark bremsen muss, kann man das Höhenruder trimmen, womit man einen Teil des Drucks vom Steuerhorn nimmt. John nennt es »den besten Freund des Piloten«. Noch heute höre ich ihn im Geist schreien: »Verdammt noch mal, trimm das Flugzeug! Trimm das verdammte Flugzeug!«

Wenn man seinen ersten kurzen Alleinflug bewältigt hat, wird man auf einen sogenannten »Überlandflug« geschickt, der vielleicht 200 Kilometer weit geht, sodass man mit verschiedenen Windströmungen, unterschiedlicher Bewölkung und möglicherweise sogar einem Wetterumschwung konfrontiert wird und sich veränderten Bedingungen anpassen muss. Zuerst steht ein Flug auf dem Programm, den man selbst plant, aber in Begleitung eines Fluglehrers absolviert. Am Tag darauf fliegt man allein. Mein »Überlandflug« führte mich von San Diego nach Santa Barbara, was einer Strecke von gut 300 Kilometern entsprach. Technisch war der Flug nicht allzu anspruchsvoll – aber es war eine der intensivsten Erfahrungen, die ich je an Bord eines Flugzeugs machte.

Der Grund dafür war, dass ich die Maschine selbst steuerte.

Während des gesamten Flugs hörte ich im Kopf Johns raue alte Stimme: *Brandon? Trimm bitte das Flugzeug, bevor du uns umbringst. Trimm das verdammte Flugzeug! Ich danke dir.*

Genauso fühlte ich mich bei der Gründung meines eigenen Unternehmens. An einem kalten Tag Anfang des Jahres 2012 entwarf ich auf einer Serviette ein grundlegendes Design für eine Website und entschloss mich, meinen gut bezahlten Managerposten aufzugeben und meine Zukunft auf dieses Projekt zu verwetten. Wenn man einmal weiß, wie es sich anfühlt, sein Schicksal selbst entscheiden zu können, will man nie mehr darauf verzichten. Sein eigenes Flugzeug fliegen, sein eigenes Schiff steuern, sein eigenes Unternehmen führen – im Grunde ist es immer dasselbe. Wenn man die Entscheidung fällt, von Punkt A zu Punkt B zu gelangen, übernimmt man große Verantwortung, und ich liebe das. Es ist ein wunderbares Gefühl. Da ist dieses Bewusstsein der *Handlungsmacht*, dieses Hochgefühl, das dem Wissen entspringt, allein durch die eigenen Gedanken und Handlungen dieses unmögliche Vorhaben zu verwirklichen.

Vielleicht sind Sie kein Pilot oder Schiffskapitän oder Unternehmer, aber das spielt keine Rolle. Das sind nur Details. Wichtig ist, dass Sie selbst über Ihre Zeit, Ihr Leben und Ihr Vermächtnis entscheiden.

Es heißt, am Ende zählen nur die Liebe, die Beziehungen, die Menschen, mit denen man die Reise unternimmt. Ich glaube, das stimmt. Es gibt nichts Wichtigeres für mich als meine Kinder und meine engen Beziehungen.

Aber das ändert nichts an der Realität.

Die Realität ist, dass Sie und niemand anderer für Ihr Leben verantwortlich sind. Wir alle kommen allein in diese Welt und verlassen sie allein wieder. Unser Leben hängt von verschiedenen Entscheidungen ab, und diese Entscheidungen fällen wir allein. Ja, wir haben Freunde, Berater, Mentoren, Kollegen, Kameraden; wir lieben und werden von anderen geliebt. Jeder, der im Krieg gewesen ist, weiß, dass er für seine Brüder und Schwestern bereitwillig sein Leben gegeben hätte. All das ist richtig, aber es ändert nichts daran, dass jeder von uns das Rennen selbst laufen muss. Niemand anderer kann es uns abnehmen, nicht einen einzigen Schritt.

Das Leben ist ein Alleinflug. Sie sind der Kapitän. Und Sie sitzen nicht in einer Boeing 747 mit all den hydraulischen Hilfsmitteln, mit all den tollen Geräten und automatisierten Abläufen. Manchmal haben Sie vielleicht den Eindruck, Sie könnten den Autopiloten einschalten, sich zurücklehnen und sich vielleicht sogar ein bisschen von dem Film ansehen, der gerade gezeigt wird. Aber vertrauen Sie mir, das ist eine Illusion: Sie sitzen in einem einmotorigen Kleinflugzeug ohne Hydraulik und spüren am Steuerhorn den Luftwiderstand in Ihren Armen und Schultern.

Sie müssen das Höhenruder selbst bedienen.

Liebe und Freundschaft mögen Ihr Treibstoff sein, aber die Angst ist Ihr Navigator. Sie ist nicht Ihr Gegner, sondern Ihr Kopilot, der mit rauer Stimme auf Sie einredet: *Bitte zieh die Maschine hoch, bevor du uns umbringst. Zieh die verdammte Maschine hoch! Danke.*

Ich springe jetzt ab.

Sie werden allein weiterfliegen.

Danksagung

Wenn man beginnt, ein Buch zu schreiben, fühlt man sich, als würde man aus einem Flugzeug springen, und wenn man die letzten Zeilen schreibt, hat man das Gefühl, einen Berg bestiegen zu haben. Wenn man den Gipfel erreicht und sich umschaut, sieht man als Erstes das fähige und engagierte Team, das einem geholfen hat, den Berg zu bewältigen.

Ich danke meinem Mitautor, dem talentierten und vielseitigen John David Mann. Dies ist unsere sechste gemeinsame Expedition, und ich könnte mir keinen besseren Partner beim Springen oder Klettern wünschen.

Ich danke unserem phänomenalen Team bei Portfolio/Penguin Random House: Bria Sandford, Helen Healey, Allison Coolidge, Tara Gilbride, Will Weisser und Adrian Zackheim sind unglaublich kompetent, und es ist immer ein Vergnügen, mit ihnen zu arbeiten.

Ich danke Alyssa Reuben und Katelyn Dougherty bei Paradigm Talent Agency, die uns dabei geholfen haben, den Kurs zu halten.

Ich danke all den mutigen Männern und Frauen, die ich persönlich kennengelernt habe oder deren Geschichten ich gehört habe, Menschen, die ihre Angst gemeistert haben: James Altucher, Neil Amonson, Lanny Bassham, Mike Bearden, Jr. (genannt »der Bär«), Douglas Corrigan, Maria Emma, Viktor Frankl, Chief Dan Goulart, William H. Murray, Alexis Ohanian, Nando Parrado, James Powell, C. J. Ramone, Leo Russell, Ernest Shackleton, Curtis Thornill, José Torres, Kapitän Jerry Yellin.

Ich danke den Freunden und Mentoren, die an meinen in diesem Buch beschriebenen Begegnungen mit der Angst teilgenommen haben: Kennedy, unserem H-60-Kopiloten, Mike Roach, dem Kapitän des Taucherboots *The Peace*, meinem Fluglehrer John Carey, meinem BUD/S-Kameraden und Trainingspartner Eric Davis und meinem besten Freund Glen Doherty.

Ich danke allen meinen fantastischen Gästen in meinem Podcast »Power of Thought«.

Ich danke all den mutigen Passagieren, die zu mir ins Flugzeug gestiegen sind, um Manhattan und andere Orte rund um den Erdball aus der Luft zu sehen. Und ich danke allen meinen in- und ausländischen Fluglehrern.

Ich danke meinem Vater Jack, meiner Mutter Lynn, meiner Großmutter Doris sowie Grandma Barb und Grandpa Jack dafür, dass sie mir ein Beispiel von Mut, Stärke und Unbeugsamkeit gegeben haben.

Ich danke meinen drei Kindern: Ihr seid eine unerschöpfliche Quelle der Inspiration und der Treibstoff, der mein Flugzeug in der Luft hält.

Schließlich danke ich meinem Freund Kamal Ravikant, der mir sagte, ich solle dieses Buch schreiben, und von dessen Weisheit ich auf jeder Seite zehre.

Register

CLINT EMERSON
DAS
SURVIVAL-HANDBUCH
DER NAVY SEALS
SO ÜBERLEBEN SIE JEDE NOTSITUATION - VOM UNGLÜCK IN DEN BERGEN BIS ZU TERRORANSCHLÄGEN
riva
Auch als **E-Book** erhältlich